Dictation & Listening
중학영어대비를 위한

# 초등영어 받아쓰기·듣기 10회 모의고사

## 초등 6학년 ①

KB026290

발행 **초판 27쇄** 2024년 11월 20일

Editorial Director **안선영**　Chief Editors **Nicola Winstanley, Travis Beck-Cline**　Writers **정수지, 백경빈, 유예슬, 박은지**

Audio 녹음 **김지야**　Audio 편집 **Netiline**　Audio 감수 **이효리, 백찬솔, 이종현**　Voice Actors **Janet Lee, Shane Ham, Quinn O, 이지나**

교정 **정은주, 장신혜, 윤숙경, 이효리, 김문영, 임홍일**

디자인 **김연실**　표지 일러스트 **유한숙**　내지 일러스트 **박현주, 박우진, 홍인천, 김연정**

발행처 **㈜마더텅**　발행인 **문숙영**　주소 **서울시 금천구 가마산로 96, 708호**

마더텅 홈페이지 **www.toptutor.co.kr**

마더텅 교재를 풀면서 궁금한 점이 생기셨나요?

교재 관련 내용 문의나 오류신고 사항이 있으면 아래 문의처로 보내주세요! 문의하신 내용에 대해 성심성의껏 답변해 드리겠습니다.
또한 교재의 내용 오류 또는 오·탈자, 그 외 수정이 필요한 사항에 대해 가장 먼저 신고해 주신 분께는 감사의 마음을 담아

네이버페이 포인트 1천 원 을 보내 드립니다!

＊기한: 2025년 12월 31일　＊오류신고 이벤트는 당사 사정에 따라 조기 종료될 수 있습니다.

＊홈페이지에 게시된 정오표 기준으로 최초 신고된 오류에 한하여 상품권을 보내드립니다.

💬 카카오톡 mothertongue　@ 이메일 mothert1004@toptutor.co.kr　✉ 문자 010-6640-1064(문자수신전용)

🏠 홈페이지 www.toptutor.co.kr　🖥 교재Q&A게시판　🎧 고객센터 전화 1661-1064(07:00~22:00)

MOTHERTONGUE
마더텅출판사
since 1999.4.1.

초등영어
받아쓰기·듣기
10회 모의고사
**구성에 따른
활용 방법**

# 영어듣기 모의고사 구성

● 아이콘 표시
– 진단평가, 학업성취도평가, 16개 시·도 교육청 공동주관 영어듣기평가에 공통으로
나오는 유형의 문제는 중요 문제표시
– 각 시험에 나오는 유형은 아이콘으로 정리되어 각 시험 유형 대비 가능

## 1. 영어듣기 모의고사
실전 같은 모의고사를 풀면서 영어 듣기
평가 시험에 대비하자!

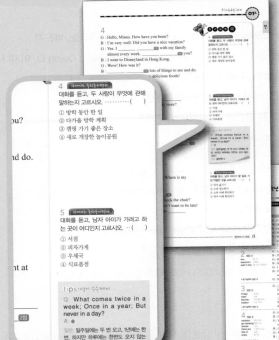

## 2. 듣기실력쑥
16개 시·도 중학듣기평가, 수행평가, 서술형 평가 형의 1 + 1문제 혹은
문제 관련 어휘 확장을 가능하게 하는 1 + 1어휘를 통해 완벽 복습 및
선행 학습

## 3. 정답과 해석
정답과 단어, 듣기 대본, 우리말 해석을
통한 복습 시스템으로 정답과 해석편
만을 가지고도 완전 학습이 가능
빨간색과 파란색으로 처리된 부분을
중심으로 각 회에 나온 단어, 어구 복습

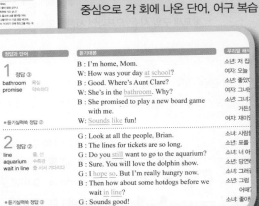

2

# 받아쓰기 구성 [총 3단계의 받아쓰기 Step 1 어구 ➜ Step 2 낱말 ➜ Step 3 통문장 받아쓰기]

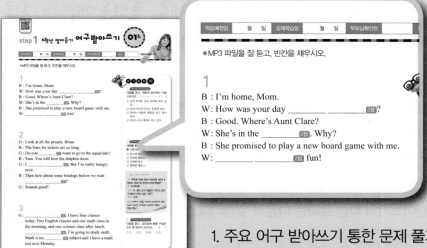

## 1. 주요 어구 받아쓰기 통한 문제 풀기 연습
어구 받아쓰기를 통해 주요 어휘 및 표현을 익히고 문제 해결능력 향상

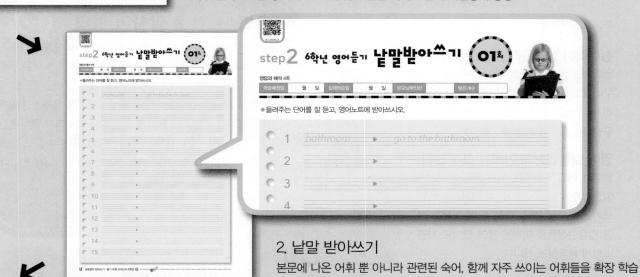

## 2. 낱말 받아쓰기
본문에 나온 어휘 뿐 아니라 관련된 숙어, 함께 자주 쓰이는 어휘들을 확장 학습

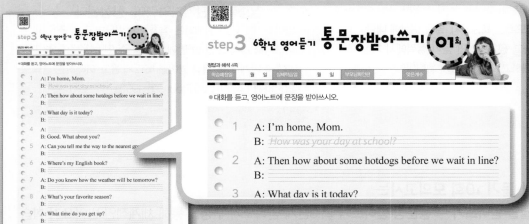

## 3. 통문장 받아쓰기를 통한 주요 문장 암기
기본적인 회화문장 암기를 통해 말하기 실력 향상

# 영어 받아쓰기(dictation), 왜 중요한가?

**Q** 받아쓰기 공부는 왜 해야 할까요? 이미 다 듣고 문제를 풀었는데, 왜 지루하게 또 들으면서 받아쓰기를 하나요? 영어 받아쓰기 하면 영어를 잘하게 되나요?

**A** 당연히 받아쓰기가 영어실력 향상에 도움이 됩니다. 받아쓰기는 듣기 실력뿐 아니라 쓰기, 말하기를 위해서도 꼭 필요한 연습이랍니다! 받아쓰기는 단순히 듣고 받아 적는 수동적인 학습이 아닙니다. 받아쓰기는 '듣고' '이해하고' '쓰고' '읽는' 과정이 통합적으로 필요한 활동이기 때문에 영어듣기 실력뿐 아니라 전반적인 영어 능력을 향상 시키는 데 큰 도움이 됩니다. 언어학자들(Jan Frodesen, Norma Montalvan)이 연구한 바에 따르면 받아쓰기의 학습 효과는 다음과 같습니다.

## 듣기 영역

**청취력이 향상된다**
영어에는 우리말에 없는 발음들이 많이 있습니다. 이것들은 우리말로 대체할 수 없는 것들입니다. 영어 받아쓰기를 꾸준히 하다 보면 우리 귀에는 비슷하게 들리지만 다른 발음들을 구별하는 능력을 키울 수 있습니다.

**영어 발음현상의 이해가 쉽게 된다**
영어가 어렵게 들리는 이유 중의 하나는 다양한 발음현상(음운현상) 때문입니다. 받아쓰기를 통해서 연음, 동화, 탈락 현상과 같은 발음현상들을 어려운 용어 없이도 자연스럽게 체득하게 됩니다.

**나의 실력을 알 수 있다**
받아쓰기를 하면 어느 부분이 안 들리는지 정확하게 확인할 수 있습니다. 모르는 표현인지, 발음 현상에 대한 이해가 부족한지 확인하고 평가한다면 듣기 실력에서 자신의 약점을 정확하게 이해하고 고칠 수 있게 됩니다. (Jan Frodesen, 1991)

### 영어 받아쓰기의 학습 효과

## 문법, 쓰기 & 말하기 영역

**정확한 영어표현과 구두점을 익힐 수 있다**
받아쓰기를 할 때에는 전치사 등과 같이 놓치기 쉬운 문법 요소들을 정확히 인지할 수 있게 됩니다. 그냥 듣기만 할 때는 쉽게 지나칠 수 있는 부분들을 받아쓰기를 통해 인지하게 되고 각 문법 요소들의 활용 방법과 의미까지 익히게 됩니다. (Norma Montalvan, 1990) 또한 마침표, 쉼표 등과 같은 구두점도 자연스럽게 익히게 됩니다. (Jan Frodesen, 1991)

## 인지 영역

**집중력과 단기기억력이 향상된다**
받아쓰기를 하기 위해서는 집중력이 필요하고 또 꾸준히 받아쓰기를 하다 보면 한 번에 기억할 수 있는 정보의 양이 점차 늘어나게 되어 결국 영어를 빠르게 듣고 이해하는 능력도 발전하게 됩니다. (Jan Frodesen, 1991)

**초등영어 받아쓰기·듣기 10회 모의고사**는
"**어구 받아쓰기 → 낱말 받아쓰기 → 통문장 받아쓰기**"의 3단계 받아쓰기 구성을 통해 체계적인 받아쓰기 학습이 가능하도록 만들었습니다. 초등 4, 5, 6학년의 수준에 맞추어 단계적으로 받아쓰기 연습을 함으로써 듣기실력뿐 아니라 전반적인 영어 능력을 향상시킬 수 있습니다.

# 듣기 시험 난이도 비교 분석

**이 책의 난이도는?** 이 책은 이전 학년 때 배운 내용을 평가하는 현행 진단평가보다 내용과 형식면에서 1년 정도 앞서는 난이도로 구성되어 있습니다. 그러므로 초등 4학년, 5학년, 6학년 학생들이 풀기에 적합한 난이도입니다. 또한 4학년은 5학년을, 5학년은 6학년을, 6학년은 중학교 1학년 시험을 대비할 수 있도록 약간 상향조정하여 문제를 만들었고, 현 학년 수준보다 약간 빠르게 녹음되어 있습니다.

| 평가<br>항목 \ 난이도 | 현행 초등 진단평가의 난이도 | | | 이 책의 난이도 | | | 중학교 듣기평가*<br>난이도 |
|---|---|---|---|---|---|---|---|
| | 4학년 | 5학년 | 6학년 | 4학년 ❶, ❷ | 5학년 ❶, ❷ | 6학년 ❶, ❷ | 중학교 1학년 |
| 듣기 문항 수 | 총 30문항 중<br>듣기 25문항<br>(4지선다형) | 총 30문항 중<br>듣기 25문항<br>(4지선다형) | 총 30문항 중<br>듣기 20문항<br>(4지선다형) | 20문항<br>(4지선다형) | 20문항<br>(4지선다형) | 20문항<br>(4지선다형) | 20문항<br>(4지선다형과<br>5지선다형 반복<br>/ 2013년 시험은<br>5지 선다형) |
| 문제당<br>평균 단어 수 | 평균 11단어<br>(최소 4단어 ~<br>최대 20단어) | 평균 16단어<br>(최소 4단어 ~<br>최대 28단어) | 평균 28단어<br>(최소 17단어 ~<br>최대 40단어) | 평균 23단어<br>(최소 4단어 ~<br>최대 30단어) | 평균 28단어<br>(최소 4단어 ~<br>최대 36단어) | 평균 32단어<br>(최소 17단어 ~<br>최대 43단어) | 평균 36단어<br>(최소 18단어 ~<br>최대 60단어) |
| 평균 녹음<br>속도(WPM*) | 분당 평균<br>85단어 녹음<br>(최소 60단어 ~<br>최대 120단어) | 분당 평균<br>105단어 녹음<br>(최소 66단어 ~<br>최대 135단어) | 분당 평균<br>110단어 녹음<br>(최소 82단어 ~<br>최대 126단어) | 분당 평균<br>105단어<br>녹음 | 분당 평균<br>110단어<br>녹음 | 분당 평균<br>120단어<br>녹음 | 분당 평균<br>120단어<br>녹음 |
| 문제 사이 간격 | 10초 | 9초 | 9초 | 9초 | 8초 | 8초 | 10초 |
| 최근 3개년<br>문제 유형수 | 21개 유형 | 22개 유형 | 22개 유형 | 21개 유형 | 29개 유형<br>(반배치고사<br>+ 진단평가<br>유형 추가) | 29개 유형<br>(반배치고사<br>+ 진단평가<br>유형 추가) | 28개 유형 |

*WPM(Words per Minute): 1분당 읽는 단어 수
*중학교 듣기평가의 정식 명칭은 '16개 시·도 교육청 공동주관 영어듣기평가'이며 매년 4월과 9월, 총 2회가 실시됩니다.

## 초등영어 받아쓰기·듣기 10회 모의고사로 공부하면?

**1. 시험 문제 유형을 완벽하게 대비할 수 있다!** 이 책의 각 학년별 1, 2권에 담긴 총 400개의 문제를 풀다 보면 진단평가에 나온 모든 듣기 문제의 유형에 익숙해져서 당황하지 않고 시험에서 실력을 발휘할 수 있습니다. 또한 진단평가에 나오는 시험 유형뿐 아니라 반배치고사, 학업성취도평가와 같은 다른 시험의 유형도 대비할 수 있도록 기출 시험보다 다양한 유형의 문제들을 배치하였습니다.

**2. 실전보다 빠른 녹음 속도로 듣기 훈련을 할 수 있다!** 실제 상황에서 원어민의 평균 대화 속도는 160~190 WPM입니다. 진단평가 기출 시험은 80~110 WPM으로 원어민의 평상시 대화 속도보다 50% 정도 느리게 녹음되어 있습니다. <초등영어 받아쓰기·듣기 모의고사 10회>는 녹음 속도를 기출 시험보다 20% 정도 빠르게 해서 선행학습이 가능하며, 되도록 자연스러운 영어에 노출되도록 하였습니다.

**3. 중학교 수준 듣기평가를 대비할 수 있다!** 초등 6학년 녹음의 경우 16개 시·도교육청 듣기평가와 같은 속도로 녹음되어 중학교에서 처음 볼 영어듣기평가(4월 시행)에서도 당황하지 않도록 훈련할 수 있습니다. 문제당 간격도 기출 시험보다 짧게 조정하여 신속하게 문제 푸는 연습이 가능합니다.

5

# 초등학생이 보는 영어 시험의 종류

| 시험 종류 | 교과 학습 진단평가 | 수행평가 | 반배치고사 |
|---|---|---|---|
| 주관 | 각 시·도 교육청에서 주관하는 시험으로 1학기 초 3월에 실시하며, 이전 학년 전 범위에서 출제함. | 각 학교 영어담당 교사가 교육부의 수행평가 가이드라인에 맞추어 영어 듣기/쓰기/읽기/말하기의 4가지 영역별로 시험을 출제함. 단원 학습이 끝난 후에 실시하며 학기당 8회 실시가 권장됨. | 충북, 대구, 전북은 시·도 교육청이 출제한 문제를 대부분의 학교에서 공통적으로 사용하며, 나머지 지역은 학교 재량으로 문제를 출제함. 대체적으로 2월 중순(11~22일)에 실시하며 학교에 따라 6학년 전 과정 또는 4~6학년 전 과정을 시험 범위로 함. |
| 대상 | 초등 4~6학년 | 초등 3~6학년 | 초등 6학년 |
| 목적 | 도달 & 미도달 2단계로 평가되며 미도달 학생을 가려내어 학습 지원을 하기 위한 목적. 성적 기록이 남지 않으나 미도달되지 않는 것이 중요함. | 단원별, 영역별 학업 성취도를 평가하기 위한 시험으로 성적에 반영됨. 수시로 시행되는 영역별 테스트와 평소 수업 시간에 평가하는 내용을 통합하여 성적 산출. | 예비 중1 학생들이 중학교를 배정받은 뒤 1년 동안 생활할 반 배정 위한 자료로 활용됨. |
| 출제경향 | • **4학년:** 듣기 25문항 + 서답형 5문항<br>• **5학년:** 듣기 25문항 + 서답형 5문항<br>• **6학년:** 듣기 20문항 + 서답형 10문항 | • **듣기:** 듣고 문제 푸는 형식<br>• **쓰기, 말하기:** 특정 주제를 주고 간단한 쓰기, 말하기 활동을 주로 함<br>• **읽기:** 단어 철자 배합 등의 문제 | 현재 없어지는 추세인 학업성취도 평가 형식으로 출제되는 경향이 많음. |
| 학습법 | • 영어의 경우 전체 시험문제 중 듣기평가 문항이 80~90%를 차지하는 만큼 듣기평가 대비에 힘써야 한다.<br>• 기출문제 및 예상문제를 풀어보고, 시험에 나오는 다양한 유형에 익숙해질 필요가 있다.<br>• 서답형 문제에 대비하여 기본적인 회화 문장들은 암기하는 것이 좋고, 단어나 숙어 등을 많이 접하고 암기해야 한다. | • **말하기, 쓰기:** 교과서 지문을 따라 쓰거나 기존 문장의 단어를 바꿔 쓰는 연습을 하는 것이 도움이 된다. 문법과 철자 쓰기가 기본적인 평가 기준이므로 평소에 철자와 기본 문법에 대해 공부해 두어야 한다.<br>• **듣기:** 주로 녹음을 듣고 문제를 푸는 문제와 낱말 받아쓰는 문제가 출제된다. 평소 듣기 연습을 많이 해야 하고, 영어 받아쓰기 훈련을 해 두는 것이 도움이 된다.<br>• **읽기:** 섞어놓은 철자를 재배치하여 단어를 완성하는 문제 등이 나오므로 평소에 단어 학습을 많이 해 두면 좋다. | • 주요 과목은 초등학교에서 배웠던 내용을 기반으로 하여 중학교에서는 좀 더 자세하고 심화된 내용을 배우게 된다.<br>• 그러므로 시험과 관계 없이 중학교에 입학하기 전에 초등학교에서 배웠던 내용을 복습하고, 중학교에서 배우게 될 내용을 선행학습할 수 있도록 한다. |
| 이 책의 활용법 | • 모의고사 10회분을 풀어보고 실전 문제에 익숙해진다.<br>• 낱말 받아쓰기, 통문장 받아쓰기를 통해 어휘 및 중요 문장을 암기한다. | '듣기 실력 쑥' 코너의 수행평가 유형 문제를 열심히 풀어보는 것으로 영어 듣기 수행평가를 대비할 수 있다. | 6학년 듣기 모의고사 매 회마다 학업성취도평가(반배치고사) 유형의 문제가 포함되어 있으므로 문제를 열심히 풀어보고 틀린 문제를 복습한다. |

＊6학년 ❶은 6학년 ❷와 전체적인 난이도가 동일하나 ❶권을 끝낸 후에 ❷권을 푸는 것을 권장합니다.
충분한 학습을 위해서는 ❶과 ❷를 다 풀어보는 것이 좋습니다.

# 01회 6학년 영어듣기 모의고사

정답과 해석 0쪽

| 학습예정일 | 월   일 | 실제학습일 | 월   일 | 부모님확인란 | | 점수 | |

---

## 1

대화를 듣고, 남자 아이가 이모를 찾는 목적을 고르시오. ·····················(      )

① 욕실 청소를 함께 하려고
② 선물을 사러 가려고
③ 게임을 함께 하려고
④ 숙제를 도와 달라고

## 3

다음을 듣고, 여자 아이가 말한 내용과 일치하지 <u>않는</u> 것을 고르시오. ·····················(      )

① 오늘은 금요일이다.
② 오늘 3개의 수업이 있다.
③ 좋아하는 과목은 수학이다.
④ 다음주 월요일에 수학시험이 있다.

## 2

중요문제

대화를 듣고, 두 아이가 가장 먼저 할 일을 고르시오. ·····················(      )

①       ②

③       ④

## 4

대화를 듣고, 남자 아이가 방학 동안 한 일을 고르시오. ·····················(      )

①       ②

③       ④

## 5

대화를 듣고, 남자 아이가 찾고 있는 장소의 위치를 고르시오. ……………………… (      )

## 6

대화를 듣고, 남자 아이가 찾는 물건의 위치를 고르시오. ……………………… (      )

## 7

다음을 듣고, 여자가 말한 내용과 일치하는 것을 고르시오. ……………………… (      )

①
〈서울, 아침〉

②
〈서울, 오후〉

③
〈제주, 아침〉

④
〈제주, 오후〉

## 8 학업성취도평가형

대화를 듣고, 여자 아이가 좋아하는 계절과 그 이유를 고르시오. ……………………… (      )

|   | 계절 | 이유 |
|---|------|------|
| ① | 여름 | 더운 걸 좋아해서 |
| ② | 여름 | 물놀이 할 수 있어서 |
| ③ | 겨울 | 스키 타러 갈 수 있어서 |
| ④ | 겨울 | 겨울 바다를 좋아해서 |

## 9

다음을 듣고, 남자 아이가 말한 내용과 일치하는 것을 고르시오. ·············· ( )

① 7시에 일어난다

② 7시 30분까지 샤워를 한다.

③ 8시에 버스를 탄다.

④ 4시쯤 집에 돌아온다.

## 11

진단평가형

다음을 듣고, 그림에 알맞은 것을 고르시오. ······································ ( )

①     ②     ③     ④

## 10

대화를 듣고, 두 아이가 보고 있는 사진으로 알맞은 것을 고르시오. ·············· ( )

①

②

③

④

## 12

대화를 듣고, 두 아이가 함께 운동하기로 한 요일을 고르시오. ···························· ( )

① Friday      ② Saturday

③ Sunday      ④ Monday

## 13

대화를 듣고, 남자 아이가 좋아하는 운동을 고르시오. ···························· ( )

① 테니스      ② 수영

③ 스노보드      ④ 스키

## 14

대화를 듣고, Tom이 받게 될 졸업선물을 고르시오. ························· (     )

①
②
③
④

## 15    진단평가형

대화를 듣고, 물건과 주인이 알맞게 짝지어진 것을 고르시오. ······················ (     )

① 펜 – 유진
② USB – 미소
③ 펜 – 미진
④ USB – 미진

## 16    학업성취도평가형

대화를 듣고, 그림의 상황에 가장 알맞은 것을 고르시오. ························· (     )

①          ②          ③          ④

## 17    중요문제

대화를 듣고, 남자 아이의 응답으로 가장 알맞은 것을 고르시오. ····················· (     )

① Good. Let's go.
② Yes, I did.
③ No, you can't.
④ You're welcome.

## 18    중요문제

대화를 듣고, 남자의 응답으로 가장 알맞은 것을 고르시오. ························· (     )

① That's all.
② Yes, you're right.
③ No, I don't like it.
④ That's too expensive.

## 19    중요문제

대화를 듣고, 남자 아이의 응답으로 가장 알맞은 것을 고르시오. ····················· (     )

① Then I'll have a party.
② I can't go to the birthday party.
③ Never mind. Have fun at Minju's party!
④ My father promised to buy me a bicycle.

## 20    중요문제

대화를 듣고, 여자 아이의 응답으로 가장 알맞은 것을 고르시오. ····················· (     )

① It's too expensive for me.
② I'd like a refund for this item.
③ Give me my change in coins.
④ My mom doesn't have that scarf.

| 학습예정일 | 월 일 | 실제학습일 | 월 일 | 부모님확인란 | | 점수 | |
|---|---|---|---|---|---|---|---|

정답과 해석 0쪽

● MP3 파일을 잘 듣고, 빈칸을 채우시오.

## 1

B : I'm home, Mom.
W: How was your day _____ _____ 2점?
B : Good. Where's Aunt Clare?
W: She's in the _____ 2점. Why?
B : She promised to play a new board game with me.
W: _____ _____ 2점 fun!

## 2

G : Look at all the people, Brian.
B : The lines for tickets are so long.
G : Do you _____ 2점 want to go to the aquarium?
B : Sure. You will love the dolphin show.
G : I _____ _____ 2점. But I'm really hungry now.
B : Then how about some hotdogs before we wait _____ _____ 2점?
G : Sounds good!

## 3

G : _____ _____ 2점. I have four classes today. Two English classes and one math class in the morning, and one science class after lunch. _____ _____ 2점, I'm going to study math. Math is my _____ 1점 subject and I have a math test next Monday.

### 듣 기 실 력 쑥

**1** 16개시도 중학듣기평가
대화를 듣고, 내용과 일치하는 것을 고르시오. ·············( )
① 남자 아이는 등교 준비를 하고 있다.
② 남자 아이의 이모는 욕실에 있다.
③ 엄마는 아들과 게임을 하고 싶어한다.
④ 이모는 보드게임을 하고 있다.

**2** 16개시도 중학듣기평가
대화를 듣고, 대화가 이루어지는 장소를 고르시오. ·············( )
① 음식점 입구
② 지하철 매표소
③ 수족관 입구
④ 영화관 매표소

tips:영어 수수께끼

Q: What has two hands and a face, but no arms and legs?
A: A clock.

질문: 두 개의 손과 얼굴은 가지고 있지만 팔과 다리는 없는 것은?
정답: 시계

표현 시계의 바늘을 영어로는 hand라고 해요! hour hand, minute hand는 시침과 분침이겠죠?

**3** 16개시도 중학듣기평가
다음을 듣고, 금요일에 들을 수업은 모두 몇 개인지 고르시오. ····( )
① 1 ② 3 ③ 4 ④ 5

## 4

G : Hello, Minsu. How have you been?

B : I'm very well. Did you have a nice vacation?

G : Yes. I _____ _____ [2점] with my family almost every week. _____ _____ [2점] you?

B : I went to Disneyland in Hong Kong.

G : Wow! How was it?

B : _____ _____ [2점] lots of things to see and do. I also _____ [1점] many delicious foods!

## 5

B : Excuse me. Can you tell me the _____ _____ [2점] the nearest grocery store?

W: Do you see that bookstore?

B : Yes.

W: Go _____ [2점] to the bookstore and turn right at the corner.

B : Okay.

W: Then go straight one block and _____ _____ [2점] at the pizza parlor. It's _____ _____ [2점] the pizza parlor.

B : Thank you.

## 6

B : Mom, it's _____ [2점] outside. Where is my raincoat?

W: I put it on the couch.

B : There's nothing on the _____ [1점].

W: That's strange. Why don't you check the chair?

B : It _____ [1점] there. Mom, I don't want to be late!

W: Oh, I see it. It's under the table in _____ _____ [1점] the couch.

B : I got it.

듣기실력쑥

**4** 16개시도 중학듣기평가
대화를 듣고, 두 사람이 무엇에 관해 말하는지 고르시오. ………( )
① 방학 동안 한 일
② 다가올 방학 계획
③ 캠핑 가기 좋은 장소
④ 새로 개장한 놀이공원

**5** 16개시도 중학듣기평가
대화를 듣고, 남자 아이가 가려고 하는 곳이 어디인지 고르시오. ··( )
① 서점
② 피자가게
③ 우체국
④ 식료품점

tips: 영어 수수께끼
Q: What comes twice in a week; Once in a year; But never in a day?
A: e
질문: 일주일에는 두 번 오고, 1년에는 한 번, 하지만 하루에는 한번도 오지 않는 것은?
정답: 알파벳 'e'

**6** 16개시도 중학듣기평가
대화를 듣고, 남자 아이가 할 일로 가장 적절한 것을 고르시오. ····( )
① 의자 옮기기
② 소파 청소하기
③ 소파 아래 확인하기
④ 탁자 아래 확인하기

## 7

W : This is the _____ [1점] forecast. Today it'll be rainy all day in Seoul. _____ [2점] an umbrella with you. In Jeju, though, it'll _____ [2점] in the morning, but the afternoon will be _____ and _____ [2점]. That's all for the weather today. Thank you.

7 16개시도 중학듣기평가
다음을 듣고, 제주의 오후 날씨로 알
맞은 것을 고르시오. ·········( )

① rainy        ② sunny
③ cloudy       ④ snowy

## 8

G : Dad, what is your favorite season? I like _____ [1점] best.

M : Do you? I thought you love winter.

G : No. I _____ [1점] the cold.

M : But I love skiing in winter.

G : I like _____ _____ [1점] in the water on hot days.

M : That's not bad. I'll take you to the sea this weekend.

G : Really? Thank you, Dad!

8 16개시도 중학듣기평가
대화를 듣고, 두 사람이 이번 주말에
할 일을 고르시오. ··········( )

① 스키 타기
② 캠핑하러 가기
③ 바다에 가기
④ 낚시하기

## 9

B : Let me tell you about my _____ _____ [1점]. I get up at seven thirty every morning. I take a _____ [1점] and have breakfast by eight. I go to school _____ _____ [2점] at eight twenty. I get back home around four.

9 16개시도 중학듣기평가
다음을 듣고, 남자 아이가 오늘 일어
난 시각을 고르시오. ········( )

① 7:00        ② 7:30
③ 8:00        ④ 8:20

## 10

B : Hey, what are you _____ _____ [1점]?

G : It's a picture of my dream car.

B : Oh, cool. Where did you take it?

G : I took it at a _____ _____ [1점].

10 16개시도 중학듣기평가
대화를 듣고, 내용과 일치하지 않는
것을 고르시오. ············( )

① 여자 아이는 갖고 싶은 자동차의
   사진을 보고 있다.
② 여자 아이는 자동차 쇼에 간 적이
   있다.
③ 남자 아이는 작고 귀여운 차를 제
   일 좋아한다.
④ 여자 아이가 가장 좋아하는 색은
   노란색이다.

B : It looks small and cute. I love sports cars though.

G : Yes. I like its color. Yellow is my _____ [1점] color.

듣기실력쑥

다음 그림을 가장 잘 설명하는 것을 고르시오. ·················( )

① The girl is climbing the mountain.
② The girl is looking up at the building.
③ The girl is taking a walk.
④ The girl is having a snack.

# 11

① G : _____ _____ [2점] the world is!

② G : How tall this tree is!

③ G : _____ _____ [2점] this building is!

④ G : How beautiful this _____ [1점] is!

# 12

B : Gwen. Do you have any plans Saturday?

G : Why do you ask?

B : Let's go _____ _____ [1점] together.

G : Actually, I _____ [1점] go on Saturday. I'm going to my grandma's house.

B : How about the _____ _____ [2점]?

G : Sunday is fine. I'll call you then.

12 16개시도 중학듣기평가

대화를 듣고, 두 사람이 이번 주말에 함께 할 일을 고르시오 ······( )

① 할머니 댁을 방문한다.
② 인라인 스케이트를 탄다.
③ 방학 계획을 짠다.
④ 안부전화를 한다.

# 13

G : Hello, I'm Stella. I'm a _____ [1점] member.

B : Hi, I'm Juho. _____ _____ [2점] our sports club!

G : Thank you. What _____ [1점] of sports do you like?

B : I like snowboarding. How about you?

G : I like skiing, playing tennis and swimming, but I can't snowboard.

B : I can teach you how to snowboard _____ [1점] you want.

13 16개시도 중학듣기평가

대화를 듣고, 여자 아이가 하지 못하는 운동을 고르시오. ·········( )

① 테니스          ② 수영
③ 스노보드        ④ 스키

## 14

W: Tom. What do you _____ [1점] for your graduation present?

B : Mom, I really want a _____ [1점] bike.

W: I don't think that's a good _____ [1점] for a 13-year-old boy.

B : Then I want to get a new smart phone. _____ [1점] is too old.

W: Okay. I'll _____ [1점] you a new one.

B : Thank you, Mom!

## 15

B : Yujin. Is this your pen? I _____ it _____ [2점] around your desk.

G : No. It's Miso's pen.

B : Then do you know _____ [1점] USB this is? I found this _____ [1점] your desk, too.

G : Oh, I've seen it before. It's Mijin's.

B : Okay. I'll _____ [1점] the items to them.

## 16

① W: Do you want _____ _____ [1점]?

　 B : Yes, please. This is delicious!

② W: My hobby is _____ [1점].

　 B : Me, too. I like cooking.

③ W: Would you _____ _____ _____ [2점]?

　 B : I'll have steak and salad.

④ W: Can you make pasta?

　 B : No, I can't.

듣 기 실 력 쑥

14 16개시도 중학듣기평가
대화를 듣고, 대화가 끝난 후 Tom의 심정으로 알맞은 것을 고르시오.
·····················( )

① 지루함　　② 놀라움
③ 만족스러움　④ 걱정스러움

tips : 영어 수수께끼

Q: What goes up when rain comes down?
A: An umbrella
질문: 비가 내려오면 올라가는 것은?
정답: 우산

15 16개시도 중학듣기평가
대화를 듣고, 대화 후 남자 아이가 할 일을 고르시오. ···········( )

① 분실물 센터에 가기
② 친구에게 물건 돌려주기
③ 컴퓨터실에 가기
④ 책상 주변 살피기

16 16개시도 중학듣기평가
대화를 듣고, 식당에서 주문을 할 때 들을 수 있는 표현을 고르시오. ( )

① 　② 　③ 　④

## 17

B : Hi, Susan. _____ 1점 are you going?

G : I'm going to the library to _____ 1점 some books.

B : Oh, I should go there to return this book, too.

G : That's good. _____ _____ 2점 we go together?

B : _____

## 18

(Telephone rings.)

W: Hello. Uncle Joe's Pizza. How can I help you?

M: Do you _____ 1점 ?

W: Sure. We deliver pizza _____ _____ 2점 .

M: I'd like to order a large cheese pizza and a coke.

W: _____ _____ 1점 ?

M: _____

## 19

B : Jenny, _____ _____ 1점 going?

G : Fine. How about you?

B : Good. I'm having a _____ 2점 party this Friday. Would you like to come?

G : I'm so _____ 1점 . I'll have to go to Minju's _____ 1점 party this Friday.

B : _____

## 20

M: _____ 1점 can I do for you?

G : I'm looking for a _____ _____ 2점 my mom.

M: How about this scarf? It's a _____ 1점 item. It's 50 dollars.

G : 15 dollars? Not bad. I'll _____ 1점 it.

M: Sorry. It's 50, not 15.

G : _____

17 16개시도 중학듣기평가

대화를 듣고, 여자 아이의 마지막 말의 의도로 알맞은 것을 고르시오. ·············( )

① 권유 　② 감사
③ 거절 　④ 충고

18 16개시도 중학듣기평가

대화를 듣고, 두 사람의 관계로 가장 알맞은 것을 고르시오. ·······( )

① 경찰 – 운전자
② 사장 – 점원
③ 점원 – 손님
④ 삼촌 – 조카

19 16개시도 중학듣기평가

대화를 듣고, 여자 아이가 생일 파티에 가지 못하는 이유를 고르시오. ·····················( )

① 초대받지 못해서
② 시험공부를 해야 해서
③ 다른 파티에 가야 해서
④ 선물을 준비하지 못해서

20 16개시도 중학듣기평가

대화를 듣고, 스카프의 가격이 얼마인지 고르시오. ·············( )

① $15 　② $35
③ $50 　④ $60

# step 2 6학년 영어듣기 낱말받아쓰기 01회

정답과 해석 4쪽

| 학습예정일 | 월 일 | 실제학습일 | 월 일 | 부모님확인란 | | 맞은개수 | |

● 들려주는 단어를 잘 듣고, 영어노트에 받아쓰시오.

1  *bathroom*  ▶  *go to the bathroom*

2  ▶

3  ▶

4  ▶

5  ▶

6  ▶

7  ▶

8  ▶

9  ▶

10  ▶

11  ▶

12  ▶

13  ▶

14  ▶

15  ▶

정답과 해석 4쪽

| 학습예정일 | 월  일 | 실제학습일 | 월  일 | 부모님확인란 | 맞은개수 |
|---|---|---|---|---|---|

● 대화를 듣고, 영어노트에 문장을 받아쓰시오.

**1**  A: I'm home, Mom.
   B: *How was your day at school?*

**2**  A: Then how about some hotdogs before we wait in line?
   B:

**3**  A: What day is it today?
   B:

**4**  A:
   B: Good. What about you?

**5**  A: Can you tell me the way to the nearest grocery store?
   B:

**6**  A: Where's my English book?
   B:

**7**  A: Do you know how the weather will be tomorrow?
   B:

**8**  A: What's your favorite season?
   B:

**9**  A: What time do you get up?
   B:

**10**  A:
   B: It's a picture of my dream car.

# 02회  6학년 영어듣기 모의고사

정답과 해석 5쪽

| 학습예정일 | 월  일 | 실제학습일 | 월  일 | 부모님확인란 | 점수 |
|---|---|---|---|---|---|

## 1

대화를 듣고, 남자 아이가 아빠를 찾는 목적을 고르시오. ······················ (    )

① 음식을 함께 만들려고
② 정원을 청소하려고
③ 영화관에 함께 가려고
④ 숙제를 도와 달라고 부탁하려고

## 2

대화를 듣고, 여자 아이가 가장 먼저 할 일을 고르시오. ······················ (    )

①   ②

③   ④

## 3  중요문제

대화를 듣고, 남자 아이가 내일 할 일을 고르시오. ······················ (    )

① 도서관 가기          ② 엄마 도와주기
③ 방 치우기            ④ 책 반납하기

## 4

다음을 듣고, 무엇에 관한 내용인지 고르시오.
······················ (    )

① 좋아하는 꽃          ② 엄마 생신
③ 어버이날            ④ 스승의 날

## 5  진단평가형

대화를 듣고, 여자 아이의 언니와 오빠의 직업이 바르게 짝지어진 것을 고르시오. ······· (    )

①   ②

③   ④

**6**

다음을 듣고, 남자 아이가 말한 내용과 일치하는 사람을 고르시오. ……………………… (   )

①    ②

③    ④

**7**

대화를 듣고, 남자 아이가 어제 한 일을 고르시오. ……………………… (   )

①    ②

③    ④

**8**

대화를 듣고, 여자 아이가 제안한 것과 남자 아이가 그것을 할 수 <u>없는</u> 이유를 고르시오. (   )

|   | 제안 | 할 수 없는 이유 |
|---|---|---|
| ① | 테니스 치러 가기 | 수영 강습이 있어서 |
| ② | 테니스 치러 가기 | 친구와 약속이 있어서 |
| ③ | 수영하러 가기 | 테니스 강습이 있어서 |
| ④ | 수영하러 가기 | 친구와 약속이 있어서 |

**9**

다음을 듣고, 여자 아이가 말한 내용과 일치하지 <u>않는</u> 것을 고르시오. ……………… (   )

① 영국 출신이다.
② 12살이다.
③ 부모님과 여동생들과 함께 살고 있다.
④ 음악을 듣는 것을 좋아한다.

## 10

대화를 듣고, 두 아이가 보고 있는 카드로 알맞은 것을 고르시오. ………………………… (     )

①      ②

③      ④

## 11

대화를 듣고, 여자 아이가 찾는 장소의 위치를 고르시오. …………………………… (     )

## 12

대화를 듣고, 대화가 이루어지고 있는 장소를 고르시오. …………………………… (     )

① 교실          ② 병원
③ 기상청        ④ 비행기

## 13 `학업성취도평가형`

다음을 듣고, 대화가 자연스럽지 <u>않은</u> 것을 고르시오. ……………………………… (     )

①          ②          ③          ④

## 14 `학업성취도평가형`

대화를 듣고, 그림의 상황에 가장 알맞은 것을 고르시오. …………………………… (     )

①          ②          ③          ④

## 15

대화를 듣고, 남자 아이가 찾고 있는 물건이 어디에 있는지 고르시오. ·················· (    )

## 16

대화를 듣고, 지우개의 주인이 누구인지 고르시오. ······························· (    )

① 유진    ② 진수    ③ 나영    ④ 민수

## 17

대화를 듣고, 남자의 응답으로 알맞지 <u>않은</u> 것을 고르시오. ·························· (    )

① Yes. Please do.
② Of course, you can.
③ Sure. Please take one.
④ You're welcome.

## 18

대화를 듣고, 여자의 응답으로 가장 알맞은 것을 고르시오. ······························ (    )

① What do you like?
② Do you have bananas?
③ That's too expensive.
④ They are so fresh.

## 19

대화를 듣고, 남자의 응답으로 가장 알맞은 것을 고르시오. ······························ (    )

① Are you okay?
② He'll be here soon.
③ He's in China.
④ I'll call you later then.

## 20

대화를 듣고, 여자 아이의 응답으로 가장 알맞은 것을 고르시오. ······················ (    )

① No, thank you.
② That's too bad.
③ Nice to see you.
④ That's interesting.

| 학습예정일 | 월 일 | 실제학습일 | 월 일 | 부모님확인란 | | 점수 | | 정답과 해석 5쪽 |

● MP3 파일을 잘 듣고, 빈칸을 채우시오.

## 1

W : Did you finish your _____ 1점 ?
B : Yes, I did.
W : Do you want _____ 1점 to eat?
B : No, thanks, Mom. Where's Dad?
W : He's in the _____ 1점 . Why?
B : I want to go to the _____ 1점 with him.

## 2

B : What do you want for _____ 1점 ?
G : Hmm… I want a cheese sandwich.
B : Then _____ 1점 go to Jack's Sandwiches.
G : Okay. But my hands are so _____ 1점 .
B : Then go to the _____ 1점 first.
G : Okay. _____ 1점 here.

## 3

W : Where are you _____ 1점 , Steve?
B : I'm going to the _____ 1점 , Mom.
W : You know your room is _____ 1점 .
B : Yes, I know. I can't _____ 1점 it now, I'll do it _____ 1점 .
W : Okay. Keep your promise.

---

**듣기실력 쑥**

**1** 16개시도 중학듣기평가
대화를 듣고, 내용과 일치하는 것을 고르시오. ·················· ( )
① 남자 아이는 숙제를 하고 있는 중 이다.
② 남자 아이는 음식을 먹고 싶어한 다.
③ 아빠는 정원에 계신다.
④ 엄마는 영화를 보러 갈 것이다.

**2** 수행평가
그림을 보고, 주어를 I로 하여 무엇을 하고 싶은지 쓰시오.

① ②

③ ④

① _____
② _____
③ _____
④ _____

**3** 수행평가
문장을 읽고, 그 뜻을 적으시오.
Keep your promise.
→ _____

# 4

G : Today is my _____ [1점] birthday. She's _____ [2점] years old. She likes _____ [1점] and _____ [1점]. I'm going to give her some flowers today.

# 5

B : What are you _____ [1점] at?

G : I'm looking at a _____ [1점] of my brother and sister.

B : Is she a _____ [1점]?

G : Yes, she is. And my brother is an _____ _____ [2점].

B : Wow. You have a great sister and brother.

# 6

B : This is my _____ [1점]. She's 68 years old. She has _____ [1점] hair. She always _____ [1점] her _____ [1점] but she doesn't wear a _____ [1점]. She's a beautiful woman.

# 7

G : Good morning, David.

B : Good morning, Gina. You _____ _____ [2점].

G : I watched a _____ [1점] last night. How about you?

B : I played a new computer _____ [1점] with my brother.

G : How was it?

B : It was really _____ [1점].

듣기실력쑥

**4** 16개시도 중학듣기평가
다음을 듣고, 여자 아이가 할 일로 가장 적절한 것을 고르시오. ····(    )
① 깜짝 파티 준비하기
② 음식점 예약하기
③ 엄마에게 꽃 주기
④ 케이크 사기

**5** 16개시도 중학듣기평가
대화를 듣고, 내용과 일치하지 않는 것을 고르시오. ·············(    )
① 여자 아이는 사진을 보고 있다.
② 여자 아이는 오빠와 언니가 있다.
③ 여자 아이의 언니는 의사이다.
④ 여자 아이의 오빠는 수학 선생님이다.

**6** 16개시도 중학듣기평가
다음을 듣고, 무엇에 관한 설명인지 고르시오. ·················(    )
① 할머니의 모습
② 할머니의 유품
③ 할머니 생신 선물
④ 할머니의 취미

**7** 16개시도 중학듣기평가
대화를 듣고, 여자 아이가 피곤한 이유를 고르시오. ·············(    )
① 숙제를 하느라고
② 영화를 보느라고
③ 책을 읽느라고
④ 게임을 하느라고

## 8

G : It's really _____ 1점 today.

B : Yes, it is.

G : Let's _____ _____ 1점 after _____ 1점.

B : I'm sorry, but I can't go with you.

G : Why?

B : I have a _____ 1점 lesson.

## 9

G : I'm from _____ 1점. I'm 12 years old. I'm _____ 1점 with my parents and two _____ 1점. I like listening to _____ 1점. I want to be a _____ 1점.

## 10

B : This is for you, Erin.

G : Thank you. What a _____ _____ 2점!

B : Look at the _____ 1점. Isn't it cute?

G : Yes, it is. I like this big _____ 2점 tree, too. Thank you, Matt.

B : You're _____ 2점.

## 11

G : _____ _____ 2점, do you know where ACE Bank is?

M : Sure. Go straight and turn _____ 1점 at the corner.

G : You mean that first _____ 1점?

M : Yes. Then go straight. It's _____ 1점 the police station and the department store.

G : Thank you very much.

---

### 듣기실력 쑥

**8** 16개시도 중학듣기평가

대화를 듣고, 오늘의 날씨가 어떤지를 고르시오. ·········( )

① 바람이 분다.
② 비가 온다.
③ 기온이 높다.
④ 건조하다.

**9** 16개시도 중학듣기평가

대화를 듣고, 여자 아이의 꿈이 무엇인지 고르시오. ··········( )

① 축구 선수       ② 음악 선생님
③ 건축가         ④ 가수

**10** 수행평가

주어진 문장과 의미가 가장 가까운 것을 고르시오. ···········( )

| What a pretty card! |
| --- |

① How pretty this card is!
② What do you think about this card?
③ Do you like this card?
④ What kind of card is this?

**11** 수행평가

그림을 보고, 대화의 빈칸에 알맞은 말을 쓰시오.

A: Where's the bookstore?
B: Go _____ and _____ _____.
   It's on _____ _____.

# 12

M : Is something _____ [1점] with you?

W : Yes. I think I've got a _____ [1점], Dr. Jones.

M : Okay. Let me take your temperature.

W : Okay. I have a _____ [1점], too.

M : I see. You have a _____ _____ [2점].

12  [16개시도 중학듣기평가]
대화를 듣고, 두 사람의 관계로 알맞은 것을 고르시오. ··········( )

① 종업원 – 손님
② 비행기 승무원 – 승객
③ 의사 – 환자
④ 가수 – 팬

# 13

① B : How are you today?

　G : Good. _____ _____ [2점] you?

② B : Do you _____ [1점] him?

　G : Yes. He's my friend.

③ B : Where's your _____ [1점]?

　G : No, it's OK.

④ B : _____ [1점] I use this?

　G : Yes. Here you are.

13  [수행평가]
주어진 문장을 읽고, 무슨 뜻인지 적으시오.

1. How about you?
→ _____

2. Here you are.
→ _____

tips

미국인들은 건물의 층수를 나타낼 때 1층을 first floor라고 합니다. 하지만 영국인들은 1층을 ground floor라고 하기 때문에 그들이 말하는 first floor는 2층을 말한답니다!

# 14

① W: Excuse me, where is the _____ _____ [1점]?

　M: It's over there, _____ _____ [1점] that building.

② W: Hey, is this your book?

　M: Oh, thank you.

③ W: I like your hat.

　M: Do you? Thank you.

④ W: You _____ [2점] the bus.

　M: Oh, no!

14  [1+1 어휘]
길을 묻는 표현

How can I get to ~?
제가 ~에 어떻게 갈 수 있나요?
Where is ~?
~는 어디에 있나요?

대답

It's next to ~.
그것은 ~옆에 있어요.
It's on the first/ second/ third/ fourth... floor.
그것은 1층/ 2층/ 3층/ 4층…에 있어요.

## 15

B : Where did you put my _____ [1점]?

G : I put it _____ [1점] your desk.

B : On the desk? No, it's not there, Gina.

G : Really? _____ [1점] a second. Oh, it's _____ the _____ [2점].

B : Here it is. Thanks.

## 16

B : Can I _____ [1점] this pen, Nayoung?

G : It's not _____ [2점]. It's Eugene's.

B : I see. _____ [1점] eraser is this? Is it _____ [2점] or Eugene's?

G : It's Minsu's eraser.

## 17

W : Excuse me, are you _____ this _____ [2점]?

M : No, I'm not.

W : May I use it? I _____ one _____ [2점] chair.

M : _____

듣 기 실 력 쑥

15 16개시도 중학듣기평가
대화를 듣고, 남자 아이가 찾고 있는
물건을 고르시오. ·········· (    )
① 의자          ② 책
③ 바구니        ④ 공책

tips : 나와 우리
한국 : 우리나라, 우리 회사, 우리 학교,
우리 아들, 우리 아내

미국 : my country, my company, my
school, my son, my wife

16 16개시도 중학듣기평가
대화를 듣고, 물건과 주인이 알맞게
짝지어진 것을 고르시오. ····· (    )
① 펜 – 유진
② 지우개 – 유진
③ 지우개 – 나영
④ 펜 – 민수

17 16개시도 중학듣기평가
대화를 듣고, 여자가 하는 말의 의도
로 알맞은 것을 고르시오. ···· (    )
① 사과          ② 부탁
③ 감사          ④ 충고

## 18

W: _____ _____ [2점] are these apples?

M: They're one dollar _____ [1점] and very

_____ [1점].

W: Okay. I want five.

M: Sure. Do you need _____ _____ [2점]?

W: _____

**18** 16개시도 중학듣기평가

대화를 듣고, 여자가 지불해야 할 사
과의 금액을 고르시오. ……… (   )

① $ 2          ② $ 3
③ $ 4          ④ $ 5

## 19

(Telephone rings.)

W: _____ [1점] morning, Mr. Kim's office.

M: Hello. May I _____ _____ [2점] Mr. Kim?

W: I'm sorry, but he's not in the office _____

_____ [2점].

M: _____

**19** 1+1 어휘

전화 영어

Hello. This is ~.
안녕하세요. 저는~입니다.
May[Can] I speak to ~?
~와 통화할 수 있나요?
This is she/he. 전데요.
Speaking. 말씀하세요.
Hold on, please. 기다려주세요.

tips: 전화 영어

전화 통화에서는 'I'm ○○.' 라는 표현은
하지 않고 'This is ○○.' 라고 한답니다.

## 20

G : Hi, Ted! Where are you _____ [1점]?

B : I'm going to the _____ [1점] now.

G : What's the _____ [2점] with you?

B : I've got a _____ [1점].

G : _____

**20** 16개시도 중학듣기평가

대화를 듣고, 남자 아이가 병원에 가
는 이유를 고르시오. ……… (   )

① 엄마가 아프셔서
② 두통이 심해서
③ 감기에 걸려서
④ 병문안을 가려고

정답과 해석 9쪽

| 학습예정일 | 월 일 | 실제학습일 | 월 일 | 부모님확인란 | | 맞은개수 | |
|---|---|---|---|---|---|---|---|

● 들려주는 단어를 잘 듣고, 영어노트에 받아쓰시오.

1  *homework*  ▶  *finish one's homework*

2  ▶

3  ▶

4  ▶

5  ▶

6  ▶

7  ▶

8  ▶

9  ▶

10  ▶

11  ▶

12  ▶

13  ▶

14  ▶

15  ▶

정답과 해석 9쪽

| 학습예정일 | 월 일 | 실제학습일 | 월 일 | 부모님확인란 | 맞은개수 | |
|---|---|---|---|---|---|---|

● 대화를 듣고, 영어노트에 문장을 받아쓰시오.

**1**  A: *Let's go swimming.*

B: Okay.

**2**  A: I'll do it tomorrow.

B: *Okay.*

**3**  A:

B: I'm looking at a picture of friends.

**4**  A:

B: I watched a movie last night.

**5**  A:

B: I'm sorry, but I can't.

**6**  A: What is your hobby?

B:

**7**  A: This is for you, Erin.

B: *Thank you.*

**8**  A: Is something wrong with you?

B: *Yes.*

**9**  A: Can you help me now?

B:

**10**  A:

B: I don't know.

정답과 해석 10쪽

| 학습예정일 | 월 일 | 실제학습일 | 월 일 | 부모님확인란 | | 점수 | |
|---|---|---|---|---|---|---|---|

## 1

대화를 듣고, 대화가 이루어지고 있는 장소를 고르시오. ················ ( )

① 동물원　　　② 미술관
③ 사진관　　　④ 음악회

## 2

대화를 듣고, 대화가 끝난 직후 여자 아이가 할 일을 고르시오. ···················· ( )

① 전화 걸기　　　② 생일선물 사기
③ 케이크 사기　　　④ 집에 가기

## 3

대화를 듣고, 내용과 일치하는 그림을 고르시오.
··························· ( )

①　　　②

$12　　　$20

③　　　④

$14

$13

## 4

대화를 듣고, 여자 아이가 Sonya의 집에서 한 일을 고르시오. ·················· ( )

①

②

③

④

## 5

다음을 듣고, 남자 아이가 말한 내용과 일치하는 것을 고르시오. ························· ( )

① 아빠가 아프셨다.
② 나는 빨래를 했다.
③ 여동생은 설거지를 했다.
④ 나는 현재 컨디션이 좋다.

## 6

대화를 듣고, 남자 아이가 점심으로 먹은 음식을
고르시오. ·····················( )

①
②
③
④

## 7

대화를 듣고, 여자 아이가 좋아하는 과목을 고르
시오. ·····················( )

① 국어
② 미술
③ 수학
④ 음악

## 8

진단평가형

다음을 듣고, 그림에 알맞은 것을 고르시오.
·····················( )

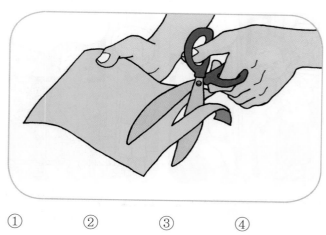

① ② ③ ④

## 9

다음을 듣고, 여자 아이가 말한 내용과 일치하지
<u>않는</u> 것을 고르시오. ·····················( )

① Jenny가 나보다 크다.
② Jenny가 나보다 강하다.
③ 내가 Jenny보다 빠르다.
④ 내가 Jenny보다 농구를 잘한다.

## 10

다음을 듣고, 격려하는 표현으로 알맞은 것을 고
르시오. ·····················( )

① ② ③ ④

## 11 학업성취도평가형

대화를 듣고, 그림의 상황에 가장 알맞은 것을 고르시오. ·········································· (        )

① ② ③ ④

## 13

대화를 듣고, 여자 아이가 만든 눈사람을 고르시오. ······································· (        )

①    ②

③    ④

## 12 중요문제

대화를 듣고, 남자 아이가 말한 내용과 일치하는 그림을 고르시오. ······················· (        )

①    ②

③

## 14

대화를 듣고, 남자 아이가 찾고 있는 동물 우리의 위치를 고르시오. ······················· (        )

  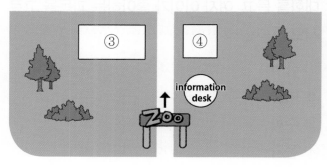

## 15

대화를 듣고, 도서관이 쉬는 요일을 고르시오.
······························ (    )

① 일요일
② 월요일
③ 화요일
④ 수요일

## 16

다음을 듣고, 대화가 자연스럽지 <u>않은</u> 것을 고르시오. ······························ (    )

①        ②        ③        ④

## 17

대화를 듣고, 여자 아이의 응답으로 알맞지 <u>않은</u> 것을 고르시오. ······························ (    )

① I listen to music often.
② I love watching movies.
③ I don't have many books.
④ My hobby is playing the violin.

## 18

대화를 듣고, 남자 아이의 응답으로 가장 알맞은 것을 고르시오. ······························ (    )

① Of course.
② I love music.
③ That's too bad.
④ Thank you very much.

## 19

대화를 듣고, 남자 아이의 응답으로 가장 알맞은 것을 고르시오. ······························ (    )

① Sounds great.
② I see. That's OK.
③ You are welcome.
④ That's very kind of you.

## 20

대화를 듣고, 남자 아이의 응답으로 가장 알맞은 것을 고르시오. ······························ (    )

① Sure. Thanks.
② Watch out.
③ No, it doesn't.
④ Help yourself.

# step 1 6학년 영어듣기 어구받아쓰기 03회

| 학습예정일 | 월 일 | 실제학습일 | 월 일 | 부모님확인란 | | 점수 | | 정답과 해석 10쪽 |

● MP3 파일을 잘 듣고, 빈칸을 채우시오.

## 1

G : _____ _____ [2점] this painting.

B : Do you like it?

G : Yes. I love the _____ [1점] in it.

B : Is this monkey playing the piano?

G : Yes. And the snake is playing the _____ [1점].

B : There are many interesting _____ [1점] here.

## 2

(Cell phone rings.)

G : _____ [1점], Tommy? Why did you call me?

B : Jenny, where are you?

G : At a clothing store. I'm buying Mom's birthday _____ [1점].

B : Did you _____ [1점] her birthday cake?

G : No. I will go to the _____ [1점] now.

B : _____ _____ [2점]. She will come home soon.

G : OK. See you.

## 3

W : May I help you?

B : Yes. How much is this _____ [1점]?

W : It is 20 dollars.

B : That's too _____ [2점].

W : How about this _____ _____ [2점]?

B : Oh, it looks cool. How much is it?

W : It is 14 dollars.

B : Good. I will _____ [1점] it.

듣기실력 쑥

**1** 1+1 어휘

play the 악기 이름

'~악기를 연주하다'고 할 때는 악기 이름 앞에 꼭 the를 써줍니다.
play the piano 피아노를 연주하다
play the drum 드럼을 연주하다
play the violin 바이올린을 연주하다

**2** 16개시도 중학듣기평가

대화를 듣고, 여자 아이가 있는 곳을 고르시오. ·················· (　　)

① 집　　　② 옷가게
③ 빵집　　④ 학교

**3** 1+1 어휘

상점에서 들을 수 있는 표현들
도와드릴까요?
May I help you?
Can I help you?
What can I do for you?

저는 ~을 찾고 있어요.
I am looking for ~.

# 4

B : What did you do yesterday?

G : I went to Sonya's.

B : What did you do there?

G : We played with _____ _____ [2점]. What about you?

B : I did my _____ [1점].

G : Oh, that doesn't sound fun.

# 5

B : My mom was _____ [1점] yesterday. So my sister and I helped her. I _____ [1점] the house. My sister _____ [2점] the dishes. I was happy and _____ [1점]. But now I don't feel well because I worked too hard.

# 6

G : Look at the menu. What do you want to eat for dinner, Minsu?

B : How about eating a pizza _____ [1점]?

G : No. I _____ _____ [2점] pizza. I will eat a sandwich.

B : Oh, I ate a sandwich for lunch. I will eat spaghetti.

# 7

B : What did you draw?

G : I drew apples.

B : Really? They look _____ [2점].

G : I hate _____ [1점]. I can't draw well.

B : I can tell. Oh, our next class is _____ [1점].

G : Good! I love _____ [1점].

듣 기 실 력 쑥

4 [+1 어휘]

상대방의 말에 맞장구를 칠 때 사용하는 표현들

Great! 좋아!
Sounds fun. 재미있겠네.
That's what I am saying. 그게 내가 하려던 말이야.
That sounds like a very good idea. 좋은 생각 같은데.

5 수행평가

다음 빈칸에 해당 철자로 시작하는 알맞은 단어를 적으시오.

Q: Why is the boy sick today?
A: B_____ he worked hard yesterday.

6 수행평가

내용과 일치하면 T, 일치하지 않으면 F에 동그라미를 그리시오.

| | |
|---|---|
| 1. They will have a pizza for dinner. | T / F |
| 2. The boy had spaghetti for lunch. | T / F |

7 [+1 어휘]

과목 관련 어휘

국어 Korean
수학 math
음악 music
미술 art
체육 P.E. (physical education)
사회 social studies

# 8

M : ① _____ 1점 the rope.

② Cut the _____ 1점 .

③ _____ 1점 the chair.

④ Push the _____ 1점 .

# 9

G : My best friend is Jenny. We like playing basketball together. She is _____ 1점 than me. But she _____ 1점 play basketball well. I am _____ 1점 than her. I can run faster than her. So I am a _____ 1점 basketball player.

# 10

M : ① Please _____ 1점 me.

② _____ _____ 2점 . You can do it.

③ I'm sorry. She is not _____ 1점 .

④ _____ _____ 2점 ! It is dangerous.

# 11

① B : _____ 1점 here, ma'am.

W: How kind you are!

② B : Show me your _____ 1점 .

W: Here it is.

③ B : You are very tall.

W: You are _____ _____ 2점 me.

④ B : I have a _____ 2점 .

W: Get some rest.

## 12

B : Did you watch the _____〔1점〕 game yesterday?

G : Yes. It was great.

B : I watched the game at the _____〔1점〕 with my father.

G : Really? I watched it _____ _____〔2점〕. How was the stadium?

B : It was big. I had so much fun there.

G : I want to watch soccer at the stadium, too.

## 13

G : Look! I _____〔1점〕 a snowman.

B : There are many snowmen. Where is yours?

G : Mine is wearing a _____〔1점〕.

B : Does it have a nose?

G : Yes. I made the nose with a _____〔1점〕.

B : Is it wearing _____〔1점〕?

G : No, it isn't.

B : Oh, I _____〔1점〕 your snowman. It is cute.

## 14

B : Excuse me. Is this the information desk?

W: Yes. Welcome to the _____〔1점〕. How may I help you?

B : Where are the _____〔1점〕?

W: Go _____〔1점〕 and turn left at the corner.

B : Go straight and turn _____〔1점〕 at the corner?

W: Yes. You will see the elephants on your _____〔1점〕.

B : Thank you.

듣기실력쑥

**12** 16개시도 중학듣기평가
대화를 듣고, 일치하지 <u>않는</u> 내용을 고르시오. ·················· (   )

① 남자 아이는 어제 경기장에 갔다.
② 남자 아이는 친구들과 경기를 봤다.
③ 여자 아이는 어제 TV로 축구를 봤다.
④ 남자 아이는 즐거운 시간을 보냈다.

**13** 수행평가
다음 문장과 같은 의미의 감탄하는 문장을 만들어보시오.

It is very cute.
→ <u>H</u> _____ <u>c</u> _____ it is!

**14** 16개시도 중학듣기평가
대화를 듣고, 여자의 직업으로 가장 적절한 것을 고르시오. ······ (   )

① 동물 사육사
② 관광 가이드
③ 안내 데스크 직원
④ 밀렵 감시단원

## 15

B : Judy. _____ _____ [2점] to the library.

G : It is Sunday. Is the library _____ [1점] today?

B : Yes. We can _____ a _____ [2점] there on Sunday.

G : Cool. Is it open every day?

B : No. It closes on _____ [1점].

G : It closes tomorrow?

B : Right.

## 16

① G: Will you help me?
B: Sure. What's the _____ [1점]?

② G: I will _____ _____ [2점] a trip.
B: Sounds wonderful.

③ G: Does your mother work?
B: Yes, she does.

④ G: _____ _____ [2점] is it?
B: Turn off the TV, please.

## 17

G : You _____ _____ [2점]. Why?

B : I will buy a _____ _____ [2점] today.

G : Do you like reading?

B : Yes. It is my _____ [1점].

G : I don't _____ [1점] reading much.

B : What is your hobby?

G : _____

**15** [1+1 어휘]
요일 관련 표현
오늘은 무슨 요일이야?
What day is it?
What's today?
What day is it today?

It's Monday/ Tuesday/ Wednesday/ Thursday/ Friday/ Saturday/ Sunday.

비교) What's the date today?
오늘은 며칠이야?

**16** [1+1 어휘]
도움을 요청하는 표현
Can you help me?
도와주시겠어요?
Will you help me?
도와주시겠어요?

요청에 대한 대답
Sure. 물론이죠.
Sure. What's the matter?
물론이죠. 무슨 일인가요?
What do you need?
무엇이 필요하세요?

**17** [16개시도 중학듣기평가]
대화를 듣고, 두 사람은 무엇에 관해 대화하고 있는지 고르시오. …( )

① 도서 가격 상승
② 도서의 온라인 구매
③ 신간 도서의 인기
④ 각자의 취미

# 18

B : Let's talk more about our show.

G : We will _____ 1점. And we need some music.

B : Can you _____ 1점 the piano or the guitar?

G : No. _____ _____ 2점 using a cell phone?

B : Good. We can download music we need.

G : Can we use your cell phone?

B : _____

18  16개시도 중학듣기평가
대화를 듣고, 남자 아이가 부탁받은 일을 고르시오. ···············(   )

① 쇼에서 노래부르기
② 집으로 여자 아이 초대하기
③ 남자 아이의 휴대 전화 사용하기
④ 휴대 전화에 음악을 다운로드 받기

# 19

B : Betty, I have two concert _____ 1점. Do you want to _____ 1점 me?

G : I'd _____ _____ 1점. When is it?

B : It's seven o'clock this Sunday.

G : I'm sorry. I have to _____ 1점 my grandma's every Sunday this month.

B : _____

19  16개시도 중학듣기평가
대화를 듣고, 여자 아이가 이번 일요일에 할 일로 가장 적절한 것을 고르시오. ··················(   )

① 음악회 티켓 예매하기
② 남자 아이와 음악회 가기
③ 남자 아이의 집 방문하기
④ 할머니 댁 방문하기

# 20

G : The lesson _____ 1점 early. I am happy.

B : Me, too. Let's go back _____ 1점.

G : Wow, it is _____ 1점 outside.

B : Oh, I don't have an _____ 1점.

G : Do you want to _____ 1점 mine?

B : _____

20  수행평가
다음 그림을 보고, 빈칸에 알맞은 말을 쓰시오.

1.

Q: How's the weather?
→ It is _____ outside.

2.

Q: How's the weather?
→ It is _____ outside.

정답과 해석 14쪽

| 학습예정일 | 월 일 | 실제학습일 | 월 일 | 부모님확인란 | | 맞은개수 | |
|---|---|---|---|---|---|---|---|

● 들려주는 단어를 잘 듣고, 영어노트에 받아쓰시오.

1 *help* ▶ *help out*

2 ▶

3 ▶

4 ▶

5 ▶

6 ▶

7 ▶

8 ▶

9 ▶

10 ▶

11 ▶

12 ▶

13 ▶

14 ▶

15 ▶

step **3** 6학년 영어듣기 **통문장받아쓰기** **03**회

정답과 해석 14쪽

| 학습예정일 | 월 일 | 실제학습일 | 월 일 | 부모님확인란 | 맞은개수 | |
|---|---|---|---|---|---|---|

●대화를 듣고, 영어노트에 문장을 받아쓰시오.

**1** A: Look at this painting.
B: *How beautiful it is!*

**2** A: Please wait for me.
B:

**3** A:
B: It is 20 dollars.

**4** A: I played with her dog.
B:

**5** A: I have a headache.
B:

**6** A: Where is the bookstore?
B:

**7** A:
B: Okay.

**8** A: Can you help me?
B:

**9** A:
B: I'd love to.

**10** A: The school finished.
B:

## 1

대화를 듣고, 두 사람이 내일 함께 할 일을 고르시오. ································· ( )

① 수영하기
② 소풍 가기
③ 그림 그리기
④ 놀이공원에 가기

## 2 학업성취도평가형

대화를 듣고, 그림의 상황에 가장 알맞은 것을 고르시오. ································· ( )

① ② ③ ④

## 3

대화를 듣고, 남자 아이가 주말에 할 일을 고르시오. ································· ( )

① 승마 하기
② 농구 하기
③ 놀이공원에 가기
④ 생일 파티에 가기

## 4

대화를 듣고, 두 아이가 보고 있는 사진으로 알맞은 것을 고르시오. ······················· ( )

①  ②

③  ④

## 5

대화를 듣고, 여자 아이가 찾는 물건의 위치를 고르시오. ………………………………… (     )

## 6

그림을 보고, 대화의 마지막에 남자 아이의 응답으로 알맞은 것을 고르시오. ………… (     )

① No, you can.
② No, of course.
③ No, you can't.
④ No, you must.

## 7

대화를 듣고, 두 아이가 무엇에 관하여 이야기하고 있는지를 고르시오. ……………… (     )

① 등산가기
② 수영하기
③ 그림 그리기
④ 백화점 쇼핑

## 8

대화를 듣고, 수빈이가 친구들과 놀이공원에 가지 못하는 이유를 고르시오. ………… (     )

① 감기에 걸려서
② 공부를 해야 해서
③ 대청소를 도와야 해서
④ 할머니 댁에 가야 해서

## 9 진단평가형

다음을 듣고, 대화가 가장 자연스러운 것을 고르시오. ………………………………… (     )

①          ②          ③          ④

## 10

대화를 듣고, 우체국의 위치로 알맞은 것을 고르시오. ·········································· (        )

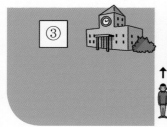

## 11 진단평가형

대화를 듣고, 두 아이가 할 일과 만날 장소를 고르시오. ································· (        )

① 수영, 공원
② 여행, 공원
③ 수영, 수영장
④ 여행, 수영장

## 12

대화를 듣고, 지민이가 농구를 하는 요일을 고르시오. ·········································· (        )

① 수요일          ② 목요일
③ 금요일          ④ 토요일

## 13

대화를 듣고, 물건과 주인이 알맞게 짝지어진 것을 고르시오. ······························· (        )

①           ②

③           ④

## 14 진단평가형

대화를 듣고, 여자 아이가 부탁한 일과 찾고 있는 물건을 바르게 짝지은 것을 고르시오. (        )

|  | 부탁한 일 | 찾고 있는 물건 |
|---|---|---|
| ① | 도서관에 같이 가기 | 지갑 |
| ② | 지갑 사러 같이 가기 | 책 |
| ③ | 도서관에 책 돌려주기 | 지갑 |
| ④ | 같이 공부하기 | 책 |

## 15

중요문제

다음을 듣고, 남자 아이가 말한 내용과 일치하는
사람을 고르시오. ·························· (　　)

① 　　②

③ 　　④

## 16

대화를 듣고, 두 아이가 만날 장소와 만날 시각을
고르시오. ····························· (　　)

① 수영장, 10시　　② 학교, 10시
③ 수영장, 9시 30분　　④ 학교, 9시 30분

## 17

대화를 듣고, 남자 아이의 응답으로 알맞지 <u>않은</u>
것을 고르시오. ····················· (　　)

① Get well soon.
② Get some rest.
③ So I stayed in bed.
④ I'm sorry to hear that.

## 18

중요문제

대화를 듣고, 여자 아이의 응답으로 가장 알맞은
것을 고르시오. ····················· (　　)

① Please don't be afraid.
② Yes, I'll take a message.
③ No, thank you. Bye, Jinsu.
④ It's okay. I'll call again later.

## 19

중요문제

대화를 듣고, 남자 아이의 응답으로 가장 알맞은
것을 고르시오. ····················· (　　)

① Yes, he's from Canada.
② No, his name is James.
③ I'm not sure. I don't know him.
④ Yes, we're from the same country.

## 20

중요문제

대화를 듣고, 여자 아이의 응답으로 가장 알맞은
것을 고르시오. ····················· (　　)

① No, I'm too cold.
② No, don't eat so fast.
③ Yes, I closed the window.
④ Yes, let's have lunch in 5 minutes.

| 학습예정일 | 월 일 | 실제학습일 | 월 일 | 부모님확인란 | | 점수 | |
|---|---|---|---|---|---|---|---|

정답과 해석 15쪽

●MP3 파일을 잘 듣고, 빈칸을 채우시오.

## 1

B : Hi, Sumi. What are you doing tomorrow?

G : I don't have any _____ 1점.

B : Great. Do you want to go _____ 2점 with me?

G : I'm sorry, but I _____ _____ 2점.

B : Then how about going on a picnic?

G : Okay. _____ 1점 have a picnic in the park.

## 2

① M: Your friends are _____ 1점 for you outside.

  G : That's great!

② M: Can you be _____ 1점, please?

  G : Okay. I'm sorry, sir.

③ M: Well done on your _____ 1점. Excellent job!

  G : Thank you very much.

④ M: What's _____ 1점? You look sick.

  G : I have a terrible _____ 1점.

## 3

B : Jenny, what are you going to do on the _____ 1점?

G : I'm going to my friend's _____ 1점 party. How about you?

B : I will do something very _____ 1점 this weekend.

**1** 16개시도 중학듣기평가

대화를 듣고, 수미가 수영하러 갈 수 없는 이유를 고르시오. ‥‥‥( )

① 감기에 걸려서
② 숙제를 해야 해서
③ 소풍을 가야 해서
④ 수영을 하지 못해서

**2** 수행평가

그림을 보고 문장을 완성하시오.

M : Can you be _____, please?

G : Okay. I'm sorry, sir.

**3** 수행평가

다음 중 주어진 문장의 의미와 가장 가까운 것을 고르시오. ‥‥‥( )

That sounds exciting!

① That's terrible!
② I'm not excited!
③ It must be boring!
④ I'm sure it will be fun!

듣 기 실 력 쑥

G : What?

B : I will _____ [1점] a horse for the first time in my life.

G : Really? That sounds _____ [1점]!

## 4

G : Look. I took a _____ [1점] yesterday.

B : Wow. It's wonderful.

G : I like the _____ [1점] most.

B : They're pretty. And there are many _____ [1점].

G : Yes. It was a beautiful _____ [1점].

B : I'm sure you had a great time there.

4 16개시도 중학듣기평가
대화를 듣고, 무엇에 관한 내용인지 고르시오. ·············· ( )

① 길가에 꽃 심기
② 동물원 방문
③ 생일파티 계획
④ 공원에서 찍은 사진

## 5

G : Dad, I'm _____ _____ [2점] to meet a friend.

M: Okay. Take your cell phone with you.

G : Sure. But I forgot where I put it.

M: It's on the _____ [1점].

G : On the _____ [1점]? No, it's not there.

M: I'm sorry. I put it next to the flower _____ [2점].

G : I found it. Thanks, Dad.

5 16개시도 중학듣기평가
대화를 듣고, 여자 아이가 찾고 있는 물건을 고르시오. ·········· ( )

① 휴대전화
② 탁자
③ 꽃병
④ 가방

tips : 채팅약어

AFAIK as far as I know
내가 아는 한도 내에서는
ASAP as soon as possible
가능하면 빨리

## 6

B : I am so _____ [1점] to see this show.

G : Me too. When does the _____ _____ [1점]?

B : At six o'clock. Oops, we only have ten _____ [1점]. Let's go.

G : Can I take this sandwich _____ [1점]?

6 16개시도 중학듣기평가
대화를 듣고, 지금 시각을 고르시오.
···························· ( )

① 5:50
② 6:00
③ 6:10
④ 10:00

## 7

B : Are you ready to go?

G : I think so. Oh! I forgot _____ [1점].

B : We will get _____ [1점]. Get some water and where's your hat?

G : It's in my bag. I'm so excited to go _____ [1점].

B : Me too, I love _____ [1점].

## 8

G : Hi, Subin. You know it's my _____ [1점] on Saturday.

B : Yes. Happy _____ [1점], Jumi.

G : Thanks. I'm going to the amusement park with friends. Can you _____ _____ [2점]?

B : Sorry, I can't.

G : Why?

B : I'm going to my _____ _____ [2점].

## 9

① G : Thank you for the _____ [1점].
  B : No, I'm not. I'm a student.

② G : _____ [1점] are you late?
  B : _____ [1점] I got up late.

③ G : I like playing _____ [1점].
  B : Me too. I hate playing _____ [1점].

④ G : _____ [1점] are you going?
  B : I'm going there at three o'clock.

## 10

G : Excuse me, _____ [1점] is the post office?

B : Go _____ [1점] and turn right at the hospital.

G : Turn right at the hospital?

B : Yes. Then you'll see it on your _____ [1점].

G : I see.

### 듣 기 실 력 쑥

**7** 16개시도 중학듣기평가

대화를 듣고, 남자 아이의 기분으로 알맞은 것을 고르시오. ……( )

① 실망
② 설렘
③ 외로움
④ 자랑스러움

**8** 16개시도 중학듣기평가

대화를 듣고, 여자 아이가 의도하는 것을 고르시오. …………( )

① 충고　　　② 초대
③ 칭찬　　　④ 거절

**9** 수행평가

알맞은 단어를 골라 문장을 완성하시오.

A : (Who/ Why/ What) are you late?
B : (So/ But/ Because) I got up late.

**10** 수행평가

다음 대화가 자연스럽게 이어지도록 순서대로 번호를 써 넣으시오.

① Turn right at the hospital?
② Excuse me, where is the post office?
③ Yes. Then you'll see it on your left.
④ Go straight and turn right at the hospital.

( ) - ( ) - ( ) - ( )

B : It's _____ [1점] the school and the museum.

G : Okay. Thank you very much.

## 11

G : John, are you _____ _____ [2점] tomorrow?

B : Yes. I'm so _____ [1점] to go on a trip.

G : Me too, I like _____ [1점]. Is Jina coming, too?

B : No, she has a _____ [1점] lesson tomorrow.

G : I see. Let's meet in the park at nine o'clock.

B : Okay. I'll see you in the park.

## 12

(Telephone rings.)

B : Hello.

G : Hi, Jimin. This is Minji. What _____ you _____ [2점]?

B : Hi, Minji. I'm studying _____ [1점].

G : Aren't you going to play basketball?

B : No, that's _____ [1점]. I play basketball on _____ [1점].

G : Oh, it's Thursday _____ [1점].

B : Yes, it is.

## 13

B : Mina, this baseball cap is cool. _____ [2점] is it?

G : It's John's. But the _____ [2점] next to it is _____ [2점].

B : How about this bag?

G : It's my sister, Mijin's.

B : Are these _____ [1점] Mijin's, too?

G : No, they are John's.

11 16개시도 중학듣기평가
대화를 듣고, 지나가 친구들과 여행을 갈 수 없는 이유를 고르시오. ··( )
① 수영 수업이 있어서
② 만날 장소를 몰라서
③ 가족 여행을 떠나서
④ 준비할 시간이 없어서

12 수행평가
대화를 듣고, 오늘의 요일을 우리말로 쓰시오.
→ _____

13 16개시도 중학듣기평가
대화를 듣고, 미나의 물건으로 알맞은 것을 고르시오. ············( )

①  ②

③  ④

## 14

G : Jake, can you do something for me?

B : Sure. What is it?

G : Can you _____ these books to the _____ 1점 ?

B : No problem.

G : Thank you. I lost my _____ 1점 so I need to _____ 1점 for it.

B : That's too bad. I hope you _____ your _____ 1점 .

## 15

B : My little sister is cute. She has _____ hair and she wears _____ 2점 . Today, she is wearing a short _____ 1점 . There are _____ shapes on her _____ 2점 . I like my little sister very much.

## 16

B : Are we going to the _____ _____ 2점 on Tuesday?

G : Yes. Let's meet there at 10 o'clock.

B : I don't know where it is. Can we meet at _____ 1점 first?

G : Of course. Let's meet at 9:30 there. Oh, we _____ _____ 2점 Becky about the change.

B : I will _____ 1점 her now.

## 17

G : I'm sorry but I can't come to the club _____ 1점 today.

**14** 수행평가

다음 대화를 읽고 밑줄 친 부분과 바꾸어 쓸 수 있는 문장을 고르시오.
·······················( )

A : I lost my wallet so I need to look for it.
B : That's too bad. I hope you find your wallet.

① I'm not worried.
② It's not too bad.
③ That's interesting.
④ I'm sorry to hear that.

**15** 1+1 어휘

성격 관련 단어

kind 친절한
good/ nice 착한
calm 침착한
active 활동적인

**16** 16개시도 중학듣기평가

대화를 듣고, 대화가 끝난 후 남자 아이가 할 일로 알맞은 것을 고르시오.
·······················( )

① 전화하기
② 학교에 가기
③ 수영장에 가기
④ 친구와 만나기

**17** 수행평가

그림을 보고, 질문에 적절한 대답을 쓰시오.

Why can't you come?
→ Because I'm _____ .

B : That's okay. But _____ [1점] can't you come?

G : Because I'm _____ [1점].

B : _____

## 18

(Telephone rings.)

B : Hello?

G : Hello. _____ _____ [1점] Sarah.

B : Hi, Sarah. How are you?

G : I'm great, thank you. May I _____ _____ [1점] Jinsu, please?

B : I'm afraid he's not at _____ [1점]. Would you like to _____ a _____ [2점]?

G : _____

## 19

B : Hi, I'm James. What's your _____ [1점]?

G : Hi, James. My name is Hannah and I'm from _____ [1점]. Where are you from?

B : I'm from the United States. And that boy is my _____ [1점] David.

G : Is he from the United States, too?

B : _____

## 20

G : It's cold in here. Can you _____ [1점] the window?

B : Okay. But doesn't it _____ [1점]?

G : Yes, it _____ [1점] of food. Did you have lunch here?

B : Yes. Can I _____ the window in five _____ [2점]?

G : _____

18 수행평가
다음 단어를 올바르게 배열하여 문장을 완성하시오.
1. 진수와 통화할 수 있을까요?
Jinsu, I, may, to, speak
→ _____?
2. 메시지를 남기시겠습니까?
message, a, you, will, leave
→ _____?

19 16개시도 중학듣기평가
대화를 듣고, 대화에서 알 수 없는 것을 고르시오. ·············( )
① Hannah의 국적
② James의 국적
③ David의 국적
④ James와 David의 관계

20 16개시도 중학듣기평가
대화를 듣고, 여자 아이가 요구하는 것이 무엇인지 고르시오 ·····( )
① 창문 수리
② 창문 닫기
③ 난방기 틀기
④ 밖에서 음식 먹기

정답과 해석 19쪽

| 학습예정일 | 월 일 | 실제학습일 | 월 일 | 부모님확인란 | | 맞은개수 | |

●들려주는 단어를 잘 듣고, 영어노트에 받아쓰시오.

1     *picnic*     ▶     *go on a picnic*

2                 ▶

3                 ▶

4                 ▶

5                 ▶

6                 ▶

7                 ▶

8                 ▶

9                 ▶

10                ▶

11                ▶

12                ▶

13                ▶

14                ▶

15                ▶

# step 3 6학년 영어듣기 통문장받아쓰기 04회

정답과 해석 19쪽

| 학습예정일 | 월 일 | 실제학습일 | 월 일 | 부모님확인란 | | 맞은개수 | |
|---|---|---|---|---|---|---|---|

● 대화를 듣고, 영어노트에 문장을 받아쓰시오.

**1** A: *What are you doing tomorrow?*

   B: I don't have any plans.

**2** A:

   B: I have a stomachache.

**3** A:

   B: Wow. It's wonderful.

**4** A:

   B: Okay. Have fun.

**5** A: Why are you late?

   B:

**6** A: Where is the post office?

   B:

**7** A:

   B: Yes. I'm so excited.

**8** A:

   B: It's John's.

**9** A:

   B: Because I'm sick.

**10** A:

   B: I'm from the United States.

# 05회 6학년 영어듣기 모의고사

정답과 해석 20쪽

| 학습예정일 | 월 일 | 실제학습일 | 월 일 | 부모님확인란 | | 점수 | |
|---|---|---|---|---|---|---|---|

## 1

다음을 듣고, 제안을 하고 수락하는 대화로 가장 알맞은 것을 고르시오. ················( )

① ② ③ ④

## 2

대화를 듣고, 여자 아이가 할 일을 고르시오. ·······························( )

① TV 보기 ② 숙제 하기

③ 도서관에 가기 ④ 수학공부 하기

## 3

다음을 듣고, 내용과 일치하는 것을 고르시오. ·······························( )

①  ②

③  ④

## 4 중요문제

대화를 듣고, 두 아이가 가장 먼저 할 일을 고르시오. ·······················( )

①  ②

③  ④

## 5

대화를 듣고, Billy가 받게 될 생일선물을 고르시오. ·······················( )

①  ②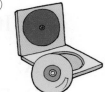

③  ④

## 6

대화를 듣고, Jane이 좋아하는 운동을 고르시오.
····································· ( )

① 야구
② 농구
③ 탁구
④ 테니스

## 7

대화를 듣고, 남자 아이가 좋아하는 동물을 고르시오. ····································· ( )

① 사자
② 개
③ 호랑이
④ 햄스터

## 8

대화를 듣고, 여자 아이가 외출을 할 수 <u>없는</u> 이유를 고르시오. ····························· ( )

① 감기에 걸려서
② 숙제를 해야 해서
③ 동생을 돌봐야 해서
④ 방 청소를 해야 해서

## 9

다음을 듣고, 남자 아이가 말한 내용과 일치하는 것을 고르시오. ····················· ( )

① 7시에 일어난다.
② 8시에 옷을 입는다.
③ 8시 30분에 학교에 간다.
④ 3시 30분에 집에 온다.

## 10

좋요문제

대화를 듣고, 내용과 일치하는 것을 고르시오.
····································· ( )

①
②

③
④

## 11

중요문제

대화를 듣고, 남자 아이가 찾고 있는 장소의 위치를 고르시오. ·························· ( )

## 12

대화를 듣고, 여자 아이가 주말에 한 일을 고르시오. ··························· ( )

① 낚시
② 독서
③ 영화보기
④ 캠핑 가기

## 13

다음을 듣고, 그림에 알맞은 것을 고르시오.
························ ( )

①      ②      ③      ④

## 14

중요문제

다음을 듣고, 남자 아이가 말한 내용과 일치하는 사람을 고르시오. ·························· ( )

①           ②

③           ④

## 15 진단평가형

다음을 듣고, 대화가 자연스럽지 않은 것을 고르시오. ······ (     )

①      ②      ③      ④

## 16 진단평가형

대화를 듣고, 여자 아이가 찾는 물건과 그 위치가 바르게 짝지어진 것을 고르시오. ······ (     )

| | 찾는 물건 | 위치 |
|---|---|---|
| ① | 지갑 | 가방 안 |
| ② | 지갑 | 탁자 아래 |
| ③ | 휴대전화 | 탁자 위 |
| ④ | 휴대전화 | 침대 아래 |

## 17

대화를 듣고, 남자 아이의 응답으로 알맞지 않은 것을 고르시오. ······ (     )

① Yes, we can.
② Yes, of course.
③ No, they can't.
④ That will be fun.

## 18  중요문제

대화를 듣고, 여자 아이의 응답으로 가장 알맞은 것을 고르시오. ······ (     )

① Speaking.
② I'll take it.
③ Help yourself.
④ You're welcome.

## 19 중요문제

대화를 듣고, 남자 아이의 응답으로 가장 알맞은 것을 고르시오. ······ (     )

① I took a bus there.
② It was a good movie.
③ It finished at 9 o'clock.
④ I went with my brother.

## 20  중요문제

대화를 듣고, 여자 아이의 응답으로 가장 알맞은 것을 고르시오. ······ (     )

① I'm from Korea.
② Her name is Sue.
③ He's in my room.
④ She's Chinese.

| 학습예정일 | 월 일 | 실제학습일 | 월 일 | 부모님확인란 | | 점수 | | 정답과 해석 20쪽 |

● MP3 파일을 잘 듣고, 빈칸을 채우시오.

## 1

① G : May I speak to Jinho, please?

　B : _____ 2점 .

② G : _____ _____ 2점 is this hat?

　B : It's 20 dollars.

③ G : Why don't we play tennis together?

　B : That's a good idea.

④ G : _____ _____ 2점 for the present.

　B : You're welcome.

## 2

M : Susie, did you do your homework?

G : Yes, Dad. I _____ 2점 my math homework.

M : Okay. What are you going to do now?

G : I want to go to the _____ 1점 . Can I go?

M : It's too _____ 1점 . The library is _____ 1점 .

G : Then I'll stay home and _____ 1점 TV.

## 3

B : Last Saturday, I went to visit my _____ 1점 .

　We played _____ 1점 together. It was _____

　but it was _____ 2점 . We had a great time. I like

　my _____ 1점 very much.

### 듣 기 실 력 쑥

**1** 【4단계어휘】

제안하는 표현을 알아볼까요?

Why don't we ~?  ~하는게 어때?
Let's ~  ~하자
How about ~?  ~는 어때?
What about ~?  ~는 어때?

**2** 【16개시도 중학듣기평가】

대화를 듣고, 여자 아이가 도서관에 갈 수 없는 이유를 고르시오. ····( 　 )

① 시간이 늦어서
② 숙제를 마쳐야해서
③ 도서관이 쉬는 날이라서
④ 시청할 TV프로그램이 있어서

**3** 【서술형평가】

다음을 듣고, 다음 질문에 알맞은 대답을 적으시오.

Q: What did the boy do last Saturday?

A: _____

## 4

G : Tim, are you going to the dance contest?

B : Yes. Mary will be _____ [1점].

G : She dances very well. Can we go _____ [1점]?

B : Of course. But I have to _____ [1점] a book first.

G : I'll _____ _____ [2점] you.

B : Okay. Let's go to the _____ [1점].

## 5

G : It's Billy's birthday tomorrow.

B : Yes. Let's buy a _____ [1점] for him.

G : Okay. How about some _____ [1점]?

B : He has _____ _____ [2점]. How about earphones?

G : That's a good idea. He likes listening to _____ [1점].

## 6

B : Hi, Jane. What are you doing this _____ [1점]?

G : Hi, Simon. I want to play _____ [2점].

B : Do you want to play tennis together?

G : I _____ [1점] like tennis very much. But I like _____ [1점].

B : Okay. Let's play _____ [1점] this weekend.

4 16개시도 중학듣기평가

대화를 듣고, 대화 후에 두 사람이 갈 장소를 고르시오. ·········· (   )

① 댄스 경연대회장
② 서점
③ 도서관
④ 무용실

tips : 채팅약어

BB bye bye
안녕 안녕

B4N bye for now
잠시, 안녕

5 수행평가

둘 중에서 알맞은 표현을 고르시오.

1. (How much, How many) books do you want?

2. (How much, How many) money do you have now?

6 수행평가

다음 단어들을 활용해서 문장을 완성하시오.

1. 우리 금요일에 테니스를 치자.
(let's, on, Friday, tennis, play)

→ _____

2. 우리 이번 주말에 영화를 보자.
(watch, a movie, weekend, let's, this)

→ _____

# 7

G : Look at that tiger. It's great!

B : I don't like tigers. They're _____ 1점.

G : Okay. What kind of animals do you like?

B : I like animals I can _____ _____ 2점.

G : Then do you like dogs?

B : Yes. My _____ 1점 animal is the dog.

# 8

(Telephone rings.)

G : Hello?

B : Hi, Sujin. _____ _____ 1점 Bob.

G : Hi, Bob. How are you?

B : Great, thanks. It's sunny outside. Do you want to play outside with me?

G : I'm sorry, but I can't _____ _____ 1점.

B : Why?

G : I have to take _____ 1점 of my little brother.

# 9

B : Every day, I get up at seven thirty and have breakfast. I _____ _____ 2점 at eight fifteen. At eight _____ 1점, I go to school. I come home at three _____ 1점.

---

## 7 16개시도 중학듣기평가

대화를 듣고, 남자 아이가 개를 좋아 하는 이유로 언급된 것을 고르시오.
·····························( )

① 크기가 작아서
② 위험하지 않아서
③ 함께 놀 수 있어서
④ 집에서 키울 수 있어서

## 8 수행평가

대화를 듣고, 빈칸에 알맞은 말을 쓰 시오.

Why can't Sujin go out?
→ B_____ she h_____
t_____ take care of her brother.

tips : 채팅약어

BBL be back later
나중에 다시 돌아올게요
BF boy friend
남자친구

## 9 1+1 기회

get up과 wake up의 차이?

get up은 앉거나 누워있다가 일어나는 것이고, wake up은 잠에서 깨어나는 등 정신을 차린다는 의미 입니다.

## 10

B : Is this you in the picture?

G : Yes. It's me and my _____ [1점].

B : You are _____ [1점] glasses in the picture.

G : Yes. But I don't wear glasses _____ [1점].

B : Your sister is _____ _____ [2점] you.

G : That's right. I'm shorter than my sister.

## 11

B : Excuse me. Where is the hospital?

G : Go _____ and turn _____ [2점] at the school.

B : Turn _____ [1점] at the school?

G : That's right. It will be on your _____ [1점].

B : Okay.

G : It's next to the post office.

B : I see. Thank you.

## 12

G : What did you do on the weekend, Eric?

B : I went to see a _____ [1점] with my friends. How about you?

G : I _____ [1점] books at home.

B : Didn't you go _____ [1점] with your dad?

G : No, we didn't go _____ [1점] because it _____ [1점].

### 10 수행평가
〈보기〉에 있는 단어를 활용하여 비교하는 문장을 완성하시오.

보기 big  small  tall

1. An elephant is _____ _____ a rabbit.
2. Korea is _____ _____ the U.S.A.
3. Minsu is 154 cm tall. Sumin is 157 cm tall. Sumin is _____ _____ Minsu.

### 11 1+1 기획
방향, 위치를 나타내는 표현을 알아볼까요?

right 오른쪽
left 왼쪽
next to ~의 옆에
between A and B  A와 B 사이에

### 12 16개시도 중학듣기평가
대화를 듣고, 남자 아이가 주말에 한 일을 고르시오. ··············( )

① 낚시
② 독서
③ 영화보기
④ 캠핑 가기

## 13

W : ① This is my kitchen. It is very _____ 1점.

② This is my living room. It is very _____ 1점.

③ This is my bathroom. It is very _____ 1점.

④ This is my bedroom. It is very _____ 1점.

**13** 1+1 어휘

집과 관련된 단어들

bedroom 침실
bathroom 욕실
living room 거실
kitchen 부엌
veranda 베란다
garden 정원

## 14

B : This is my sister. Everybody says she is beautiful.
I like her _____ _____ 2점. She is very
_____ 1점. She _____ wear _____ 2점. She
also has a beautiful smile.

**14** 1+1 어휘

우리말에서는 옷을 입고, 모자나 장갑을 쓰고, 팔찌를 차는 것을 다 다른 말로 사용하죠. 하지만 영어에서는 wear이라는 동사 한 개만 있으면 됩니다. 다음 문장들로 확인해볼까요?

She is wearing a new coat.
그녀는 새 코트를 입고 있다.

You have to wear a tie.
당신은 넥타이를 매야합니다.

He wore glasses.
그는 안경을 썼었다.

All students must wear a badge.
모든 학생들은 배지를 착용해야만 합니다.

## 15

① G : I like _____ 1점. How about you?

　 B : I don't like _____ 1점.

② G : Do you know _____ _____ 2점 swim?

　 B : No, I don't. I can swim.

③ G : _____ 1점 are you going?

　 B : I'm going to the supermarket.

④ G : _____ 1점 are you running?

　 B : _____ 2점 I'm late for my English lesson.

tips : 5W1H법칙?

육하원칙이라고 들어봤나요? 질문을 할 때 사용하는 법칙입니다. 언제, 어디서, 무엇을, 누가, 어떻게, 왜했는지 물어보는 거예요. 이 육하원칙의 질문들을 영어로 하면 when, where, what, who, how, why가 되겠죠? 그래서 육하원칙을 5W1H라고도 부른답니다.

## 16

G : Dad, where is my cell phone?

M : Your cell phone is on your _____ 1점.

G : Oh, I found it. Where is my wallet?

M : It's under the _____ 1점.

G : Under the _____ 1점? No, it's not there.

M : Then check inside your _____ 1점.

G : Ah, my wallet is in my _____ 1점.

**16** 1+1 어휘

위치를 표현할 때 사용하는 전치사들

on ~위에　　under ~아래에
in ~안에　　out ~바깥에
inside ~의 안쪽에
outside ~의 바깥쪽에
on the right 오른쪽에
on the left 왼쪽에
next to ~의 옆에

## 17

G : Victor, what is your _____ 1점?

B : My _____ 1점 is playing badminton. I like to play _____ 1점.

G : Me, too. _____ _____ 2점 play badminton together?

B : _____

## 18

M : May I _____ 1점 you?

G : I'm looking for a _____ 1점 for my friend.

M : How about this scarf?

G : _____ _____ 2점 is it?

M : It's 15 dollars.

G : _____

## 19

B : I went to the _____ 1점 yesterday.

G : Sounds _____ 1점. Did you have a good time?

B : Yes. I saw an _____ 1점 movie.

G : That's nice. _____ did you go _____ 2점?

B : _____

## 20

G : Hi, I'm Mina. I'm _____ 1점 Korea. What's your name?

B : My name is James. I'm _____ the _____ 2점.

G : Nice to meet you, James.

B : Nice to meet you, too. _____ is your friend _____ 2점?

G : _____

듣 기 실 력 쑥

**17** 수행평가

〈보기〉에 있는 표현을 사용하여 주어진 문장을 영작하시오.

보기 watching a movie, playing soccer, cooking, keeping a diary

1. 내 취미는 축구를 하는 거야.
   → My hobby is _____.
2. 내 취미는 영화를 보는 거야.
   → My hobby is _____.
3. 내 취미는 요리를 하는 거야.
   → My hobby is _____.
4. 내 취미는 일기를 쓰는 거야.
   → My hobby is _____.

**18** 수행평가

다음을 읽고, 알맞은 표현을 고르시오.

A : I am looking for notebooks.

B : 1. (How many, How much) books do you want?

A : I want 5 notebooks.

B : Here you are.

A : 2. (How many, How much) are they?

B : It's five dollars.

**19** 1+1 어휘

'영화를 보다'라는 표현

go to the movie
go to the cinema
see a movie
see a film
watch a movie
watch a film

**20** 1+1 어휘

나라이름 – ~나라 사람

Korea - Korean 한국–한국인
Japan - Japanese 일본–일본인
China - Chinese 중국–중국인
Vietnam - Vietnamese 베트남–베트남인
America - American 미국–미국인
Canada - Canadian 캐나다–캐나다인
England - English 영국–영국인

# step2 6학년 영어듣기 낱말받아쓰기 05회

정답과 해석 24쪽

| 학습예정일 | 월    일 | 실제학습일 | 월    일 | 부모님확인란 | | 맞은개수 | |
|---|---|---|---|---|---|---|---|

●들려주는 단어를 잘 듣고, 영어노트에 받아쓰시오.

1  why ▶ Why don't we ~?

2 ▶

3 ▶

4 ▶

5 ▶

6 ▶

7 ▶

8 ▶

9 ▶

10 ▶

11 ▶

12 ▶

13 ▶

14 ▶

15 ▶

정답과 해석 24쪽

| 학습예정일 | 월    일 | 실제학습일 | 월    일 | 부모님확인란 | | 맞은개수 | |
|---|---|---|---|---|---|---|---|

● 대화를 듣고, 영어노트에 문장을 받아쓰시오.

1  A: May I speak to Jinho, please?
   B: *Speaking.*

2  A: 
   B: I am going to the library.

3  A: Let's buy a CD for him.
   B: *That's a good idea.*

4  A: 
   B: I want to play sports.

5  A: 
   B: I like tigers.

6  A: 
   B: How nice you are!

7  A: What do you do at eight in the morning?
   B: 

8  A: 
   B: That's right. I'm shorter than Sumi.

9  A: 
   B: Sounds good.

10 A: 
   B: No, I don't.

# 06회 6학년 영어듣기 모의고사

정답과 해석 25쪽

| 학습예정일 | 월 일 | 실제학습일 | 월 일 | 부모님확인란 | | 점수 | |

## 1

대화를 듣고, Peter의 휴대전화 번호를 고르시오. ……………………………… ( )

① 015-755-3990
② 015-755-4980
③ 015-755-3980
④ 015-755-4990

## 2

대화를 듣고, 남자 아이가 전화를 건 목적을 고르시오. ……………………………… ( )

① 책을 빌리려고
② 숙제를 함께 하려고
③ 도서관에 함께 가려고
④ 숙제가 무엇인지 물어보려고

## 3 중요문제

대화를 듣고, 대화가 끝난 후 여자 아이가 가장 먼저 할 일을 고르시오. ……………… ( )

①
②

③
④

## 4 중요문제

다음을 듣고, 내용과 일치하는 것을 고르시오. ……………………………………………… ( )

①
②

③
④

## 5

중요문제

대화를 듣고, 서점의 위치로 알맞은 것을 고르시오. ·································· ( )

## 6

대화를 듣고, 여자 아이가 지난 주말에 한 일을 고르시오. ·································· ( )

① 집에서 영화보기
② 할머니 댁 방문하기
③ 할머니 생신파티 참여하기
④ 영화관 가기

## 7

진단평가형

그림을 보고, 질문에 알맞은 대답을 고르시오.
·································· ( )

①        ②        ③        ④

## 8

대화를 듣고, 남자 아이가 좋아하는 동물과 그 이유를 고르시오. ·································· ( )

| 동물 | 이유 |
| --- | --- |
| ① 고양이 | 영리해서 |
| ② 고양이 | 예쁜 눈을 가지고 있어서 |
| ③ 개 | 귀여워서 |
| ④ 개 | 영리해서 |

## 9

다음을 듣고, 남자 아이가 말한 내용과 일치하지 <u>않는</u> 것을 고르시오. ·················· ( )

① 우리 가족은 4명이다.
② 아버지는 중학교 선생님이시다.
③ 어머니는 간호사이시다.
④ 누나는 미국에서 공부 중이다.

## 10

대화를 듣고, 두 아이가 점심으로 먹게 될 음식을 고르시오. ·································· ( )

① 샌드위치          ② 파스타
③ 피자             ④ 햄버거

## 11

대화를 듣고, 내용에 알맞은 그림을 고르시오.
·········································· (　　　)

① 　②

③ 　④

## 12

대화를 듣고, 엄마가 찾고 있는 물건이 어디에 있는지 고르시오. ····················· (　　　)

## 13

대화를 듣고, 두 사람의 대화가 이루어지는 상황을 고르시오. ····························· (　　　)

① 　②

③ 　④

## 14 　진단평가형

다음을 듣고, 그림의 상황으로 알맞은 것을 고르시오. ································· (　　　)

① 　　② 　　③ 　　④

## 15

대화를 듣고, 여자 아이가 좋아하는 과목을 고르시오. ·················· (　　)

① 과학　　　　② 수학
③ 음악　　　　④ 체육

## 16 진단평가형

대화를 듣고, 두 아이가 함께 갈 장소와 만나기로 한 시각으로 알맞은 것을 고르시오. ···· (　　)

|  | 장소 | 시각 |
|---|---|---|
| ① | 여자 아이 집 | 12시 |
| ② | 도서관 | 12시 |
| ③ | 여자 아이 집 | 2시 |
| ④ | 도서관 | 2시 |

## 17

대화를 듣고, 여자 아이의 응답으로 알맞지 <u>않은</u> 것을 고르시오. ················ (　　)

① I'm going to the shopping mall.
② I'm going to play basketball.
③ I have enough time.
④ I have a swimming lesson.

## 18

대화를 듣고, 남자의 응답으로 가장 알맞은 것을 고르시오. ················ (　　)

① It's so hot.
② It's too late.
③ I got up late.
④ I went home.

## 19

대화를 듣고, 여자의 응답으로 가장 알맞은 것을 고르시오. ················ (　　)

① There's a kitchen.
② Look over there.
③ I always help my mom.
④ Help yourself.

## 20 좋요문제

대화를 듣고, 여자의 응답으로 가장 알맞은 것을 고르시오. ················ (　　)

① You waited too long.
② That's a good idea.
③ You should help me.
④ You walk too fast.

● MP3 파일을 잘 듣고, 빈칸을 채우시오.

## 1

G : Hey, Alex! Do you have Peter's _____ 1점 number?

B : Yes, I do. Just a _____ 1점, let me _____ 1점 it for you.

G : Thank you.

B : _____ 1점 his phone number. It's 015-755-3980.

G : 015-755-3980?

B : That's _____ 1점.

## 2

(Telephone rings.)

G : Hello.

B : Hello. Can I _____ _____ 1점 Judy?

G : This is Judy. Who is this?

B : This is Ben. Are you _____ 1점 now?

G : Not _____ 1점. I'm just reading a book. Why?

B : Let's do science _____ 1점 together.

G : Sure.

## 3

B : Are you still doing your _____ 1점?

G : Yes, I am. Why?

B : It's 12:30. I'm _____ 1점. Can you have lunch with me now?

G : Sure. Let me _____ _____ 2점 the computer _____ 1점.

B : Okay.

---

### 듣 기 실 력 쑥

**1 [+] 어휘**

'잠깐만 기다리세요.' 라는 표현은 다음과 같이 다양하게 쓸 수 있습니다.

Just a second.
Just a moment.
Wait a minute.
Wait a moment.
Hold on for a minute.

**2 수행평가**

주어진 단어를 재배열하여 질문에 알맞은 답을 쓰시오.

Q: What are you doing now?
   (book, a, am, I, reading)

→ _____

**3 [+] 어휘**

'~을 끄다/켜다'라는 표현은 다음과 같습니다.

turn off / switch off ~을 끄다
turn on / switch on ~을 켜다
Can you turn off the light?
불을 좀 꺼줄래?
Can you turn on the TV?
TV를 켜 줄래?

# 4

B : I went to the park with my _____ [1점] yesterday.
We played badminton _____ [1점].
And then we ate _____ [1점]. We had a really
great time. I want to go to the park again _____
_____ [2점].

# 5

M : Excuse me. Where is the _____ [1점]?
W : Can you see the _____ _____ [2점]?
M : Yes, I can see it.
W : Go _____ and turn _____ [2점] at the post
office.
M : Okay.
W : Then _____ [1점] straight and turn left at the
hospital. The bookstore is on your right.
M : Thank you.

# 6

G : Did you have a _____ _____ [2점], Thomas?
B : Yes. I went to my grandmother's house with my
family. How about you?
G : I _____ _____ [2점] and watched a movie with
my _____ [1점].
B : What did you watch?
G : We watched "Iron Man."

듣기실력 쑥

**4** 16개시도 중학듣기평가

다음을 듣고, 내용과 일치하지 않는
것을 고르시오. ············ ( )

① 나는 어제 남동생과 공원에 갔다.
② 우리는 배드민턴을 쳤다.
③ 우리는 샌드위치를 먹었다.
④ 우리는 다음주에는 공원에 가지
않을 것이다.

**5** 16개시도 중학듣기평가

대화를 듣고, 남자가 찾아가고자 하는
곳이 어디인지 고르시오. ·····( )

① 우체국
② 병원
③ 서점
④ 학교

**6** 16개시도 중학듣기평가

대화를 듣고, 무엇에 관한 대화인지
고르시오. ················ ( )

① 방학 때 할 일
② 어제 한 일
③ 주말에 한 일
④ 다음 주에 할 일

## 7

B : Can I _____ on the _____ 2점 and have lunch?

W : _____

① Of course you can.

② _____ 1점 yourself.

③ I'm sorry, you can't.

④ No problem _____ _____ 2점.

## 8

G : _____ 1점 at that dog! It's so cute.

B : Do you like _____ 1점?

G : Yes. They are _____ 1점. How about you?

B : I don't like dogs. I like _____ 1점.

G : Why?

B : Because they have _____ 2점 eyes.

## 9

B : I will introduce my family to you. There are four _____ 1점 in my family. My father is a high school _____ 1점. My mother is a _____ 1점. My sister is now _____ _____ 1점 America. I love my family.

## 10

G : I'm hungry. What should we eat _____ _____ 1점?

B : Hmm… How about a hambuger? It's your _____ 1점 food.

G : I had one yesterday for _____ 1점. Anything else?

B : How about pasta?

G : Sounds good. _____ 1점 go.

듣 기 실 력 쑥

**7** 1+1 어휘
'Help yourself.'는 상대방에게 음식을 권하며 쓰는 표현으로 '마음껏 드세요.'라는 뜻입니다.

Help yourself to whatever you like. 좋아하는 것은 무엇이든지 마음껏 드세요.

**8** 수행평가
다음 우리말을 영어로 옮길 때 빈칸에 알맞은 말을 쓰시오.

왜냐하면 그것들은 아름다운 눈을 가졌어.

→ Because they _____

_____.

**9** 수행평가
다음을 듣고, 가족에 대한 설명이 맞으면 O, 틀리면 X표를 하시오.

1. His father is a teacher. (　　)
2. His mother is a doctor. (　　)

**10** 16개시도 중학듣기평가
대화를 듣고, 여자 아이가 햄버거를 먹지 않으려는 이유를 고르시오.
···························( 　 )

① 배가 아파서
② 다이어트 중이라서
③ 어제 햄버거를 먹어서
④ 다른 메뉴가 할인 중이라서

# 11

G : This is a _____ 1점 of my twin brother and sister.

B : Wow. They are so _____ 1점.

G : Yes, they are. They are ten years old.

B : But they look _____ 2점. Your sister is _____ 1점 than your brother.

G : Yes. My brother wears _____ 1점 but my sister doesn't.

# 12

W: Can you _____ 2점 me my bag, Jason?

B : Okay. Where is it?

W: It's on the _____ 1점.

B : It's not on the table, Mom.

W: Then maybe it's on the bed.

B : Hmm… _____ 1점 it is. It's _____ 1점 the bed, Mom.

# 13

W: How may I _____ 1점 you?

M : I want to _____ 1점 a cake for my daughter's _____ 1점.

W: Okay. Does she like strawberries?

M : No, she doesn't. She likes chocolate.

W: I see. How about this chocolate one?

M : I like it. _____ _____ 1점 is it?

W: It's 20 dollars.

**듣기실력쑥**

**11** 수행평가
다음을 읽고, 보기의 단어를 활용하여 Jun과 Suji를 비교하는 문장을 완성하시오.

Jun is 130 cm tall.
Suji is 140 cm tall.

보기 than   tall   short   be

1. Jun _____ _____
_____ Suji.
2. Suji _____ _____
_____ Jun.

**12** 수행평가
대화를 듣고, 내용과 일치하면 T, 일치하지 않으면 F에 동그라미를 그리시오.

1. Mom is looking for her bag.
(T / F)
2. Mom's bag is on the bed.
(T / F)

**13** 수행평가
보기의 단어를 사용하여, 대화를 완성하고 해석을 적으시오.

보기 buy   cake   help

A: How may I _____ you?
B: I want to _____ a _____ for my daughter's birthday.

〈해석〉
A: _____
B: _____

## 14

① G : I _____ 1점 home at 3 o'clock.

② G : I go to _____ 1점 at 8:40.

③ G : My class _____ 1점 at 9 o'clock.

④ G : My teacher _____ 1점 to school at 8:30.

## 15

B : Did you finish your math _____ 1점?

G : Not yet. I _____ 1점 math. It's too difficult.

B : What _____ 2점 do you like the most?

G : I like music the most. I like _____ 1점.

B : You do? I like _____ 2점.

## 16

G : Can you _____ me _____ 2점 my English homework tomorrow?

B : Sure. Where should we _____ 1점?

G : Let's meet at the _____ 1점.

B : Sounds good. At what time?

G : Hmm… How about 2 o'clock?

B : Okay. See you tomorrow.

## 17

B : Tomorrow is _____ 1점.

G : Yes! What are you _____ 1점 tomorrow?

B : I'm _____ 1점 to Minho's birthday party. How about you?

G : _____

---

들 기 실 력 쑥

**14** 1+1 기취

'집에 가다'라는 표현은 'go home'입니다. 이때 go to home으로 잘못 쓰지 않도록 주의합니다.

I want to go home.
나는 집에 가고 싶어.

'학교에 가다'라는 표현은 'go to school'입니다. 이때 to를 빠트리지 않도록 주의합니다.

What time do you go to school?
너는 몇 시에 학교에 가니?

**15** 16개시도 중학듣기평가

대화를 듣고, 남자 아이가 좋아하는 과목을 고르시오. ·········( )

① 과학
② 수학
③ 음악
④ 체육

**16** 수행평가

대화를 듣고, 질문에 알맞은 답을 쓰시오.

Q: Where are they going to meet?

A: _____

**17** 수행평가

보기의 단어를 사용하여 문장을 완성하시오.

보기 about   doing   birthday   going

A: What are you _____ tomorrow?

B: I'm _____ to Minho's _____ party. How _____ you?

## 18

W: You are _____[1점]. It's _____[2점] one o'clock now.

M: I'm really _____[1점]. Let's go _____[1점].

W: _____[1점] were you so late, Eric?

M: _____

18  16개시도 중학듣기평가

대화를 듣고, 지금 몇 시인지 고르시 오. ······················ (　)

① 1시　　　② 2시
③ 3시　　　④ 4시

## 19

W: _____ to my _____[2점].

M: Happy birthday, Susan! You _____[1점] great, today.

W: Thank you so much. You look _____[1점], too.

M: Wow! The food looks _____[2점].

W: _____

19  1+1 기출

'~처럼 보이다/ 보여'라고 표현할 때 는 look을 사용합니다.

You look happy. 너 행복해 보여.
It looks great. 그거 근사해 보인다.

한편, '~처럼 들린다/ 들려'라고 표현 할 때는 sound를 사용하면 됩니다.

Your voice sounded strange.
네 목소리가 이상하게 들렸어.
That sounds great.
그거 좋게 들리는데.

## 20

W: Let's _____[2점] up. We're going to _____ the _____[2점].

M: What time is it now?

W: It's 4:30.

M: Really? I think we should _____[2점] a taxi.

W: _____

20  수행평가

우리말 해석을 보고, 문장을 완성하시 오.

→ _____
　(우리 택시를 타자.)

# step2 6학년 영어듣기 낱말받아쓰기 06회

정답과 해석 29쪽

| 학습예정일 | 월    일 | 실제학습일 | 월    일 | 부모님확인란 | | 맞은개수 | |
|---|---|---|---|---|---|---|---|

● 들려주는 단어를 잘 듣고, 영어노트에 받아쓰시오.

1   *second*   ▶   *Just a second.*

2   ▶

3   ▶

4   ▶

5   ▶

6   ▶

7   ▶

8   ▶

9   ▶

10   ▶

11   ▶

12   ▶

13   ▶

14   ▶

15   ▶

정답과 해석 29쪽

| 학습예정일 | 월 일 | 실제학습일 | 월 일 | 부모님확인란 | 맞은개수 |
|---|---|---|---|---|---|

● 대화를 듣고, 영어노트에 문장을 받아쓰시오.

1  A: Do you have Peter's number?
   B: Yes, I do. *Just a second.*

2  A:
   B: Not really.

3  A:
   B: Yes I did.

4  A:
   B: Okay. Where is it?

5  A:
   B: I want to buy a cake.

6  A:
   B: Yes, I did.

7  A:
   B: Sure.

8  A:
   B: Thanks for inviting.

9  A:
   B: What time is it now?

10 A:
   B: I agree.

# 07회 6학년 영어듣기 모의고사

정답과 해석 30쪽

| 학습예정일 | 월    일 | 실제학습일 | 월    일 | 부모님확인란 | 점수 |
|---|---|---|---|---|---|

## 1

대화를 듣고, 대화가 이루어지고 있는 장소를 고르시오. ······················ (     )

① 도서관
② 학교
③ 인형 가게
④ 동물 병원

## 2

대화를 듣고, 남자 아이가 내일 할 일로 알맞은 것을 고르시오. ························ (     )

① 바이올린 교습 받기
② 집에서 숙제 하기
③ 축구 시합 보러 가기
④ 여자 아이와 함께 소풍을 가기

## 3

다음을 듣고, 남자 아이가 말한 내용과 일치하지 않는 것을 고르시오. ····················· (     )

① 이름은 James이다.
② 뉴욕에 산다.
③ 내일이 생일이다.
④ 친구들과 집에서 파티를 할 것이다.

## 4

다음을 듣고, 대화가 자연스럽지 않은 것을 고르시오. ·························· (     )

①          ②          ③          ④

## 5

대화를 듣고, 대화가 끝난 후 여자 아이가 할 일로 알맞은 것을 고르시오. ··············· (     )

① 샌드위치 만들기      ② 토마토 사오기
③ 부엌 정리정돈 하기   ④ 친구들에게 전화하기

중요문제

## 6

다음을 듣고, 남자 아이가 말하는 내용과 일치하는 그림을 고르시오. ····················· (     )

①

②

③

④

## 7

대화를 듣고, 여자 아이가 주말에 한 일을 고르시오. ························· (   )

① 음악 듣기
② 수영장 가기
③ 방 청소 하기
④ 농장 가기

## 8 진단평가형

대화를 듣고, 여자 아이가 좋아하는 과목과 그 이유를 고르시오. ····················· (   )

| 과목 | 이유 |
|---|---|
| ① 수학 | 선생님께서 친절하시기 때문에 |
| ② 수학 | 계산하는 것을 좋아하기 때문에 |
| ③ 음악 | 노래하고 춤추는 것이 좋아서 |
| ④ 음악 | 피아노 치는 것을 좋아하기 때문에 |

## 9

다음을 듣고, 여자 아이가 말한 내용과 일치하는 것을 고르시오. ····················· (   )

① 어제는 아버지의 생신이었다.
② 부모님은 피자를 드셨다.
③ 나는 스테이크를 제일 좋아한다.
④ 나의 여동생은 어제 아팠다.

## 10

대화를 듣고, 두 사람이 만날 요일과 장소를 고르시오. ························· (   )

| | 요일 | 장소 |
|---|---|---|
| ① | 월요일 | 도서관 |
| ② | 월요일 | 버스 정류장 |
| ③ | 일요일 | 도서관 |
| ④ | 일요일 | 버스 정류장 |

## 11

대화를 듣고, 여자가 가려고 하는 곳을 고르시오. ····························· (   )

## 12

대화를 듣고, 두 사람이 보고 있는 사진으로 알맞은 것을 고르시오. ·············· ( )

①  ②

③  ④

## 14 학업성취도평가형

대화를 듣고, 그림의 상황에 가장 알맞은 것을 고르시오. ························· ( )

① ② ③ ④

## 13 진단평가형

다음을 듣고, 그림에 알맞은 것을 고르시오.
·························· ( )

① ② ③ ④

## 15

다음을 듣고, 내용에 어울리는 그림을 고르시오.
·························· ( )

①  ②

③ ④

## 16

대화를 듣고, 남자 아이가 찾는 물건의 위치를 고르시오. ......................... (　　)

## 17

대화를 듣고, 여자 아이의 응답으로 알맞지 <u>않은</u> 것을 고르시오. ......................... (　　)

① Cheer up.
② Good for you.
③ That's too bad.
④ I'm sorry to hear that.

## 18

대화를 듣고, 남자 아이의 응답으로 가장 알맞은 것을 고르시오. ......................... (　　)

① I like your shirt, too.
② At a department store.
③ Because I liked the color.
④ You look nice, too.

## 19

대화를 듣고, 여자 아이의 응답으로 가장 알맞은 것을 고르시오. ......................... (　　)

① It's at home.
② It's in my bag.
③ It's very expensive.
④ It's across the street.

## 20

대화를 듣고, 남자 아이의 응답으로 가장 알맞은 것을 고르시오. ......................... (　　)

① Yes, I liked it.
② No, it's too late.
③ Yes, it was heavy.
④ No, you can't read it.

| 학습예정일 | 월 일 | 실제학습일 | 월 일 | 부모님확인란 | | 점수 | | 정답과 해석 30쪽 |

● MP3 파일을 잘 듣고, 빈칸을 채우시오.

## 1

W : How may I help you?

M : I'm _____ _____ [2점] a small doll for my daughter.

W : How about this puppy doll?

M : It's cute. How much is it?

W : Ten dollars.

M : Okay, I'll _____ [2점] it.

**들 기 실 력 쑥**

**1** 16개시도 중학듣기평가
대화를 듣고, 인물 간의 관계로 적절한 것을 고르시오. ·········· ( )

① 상점 직원 − 손님
② 의사 − 환자
③ 식당 종업원 − 손님
④ 사진작가 − 모델

## 2

G : Steve, do you think it's going to _____ [2점] tomorrow?

B : Well, I'm not sure. _____ [1점]?

G : I have a big _____ [1점] match.

B : Oh, I see. Are you _____ [2점]?

G : Yes, I am. Can you _____ [1점] to my game?

B : Sorry, I can't. I have a violin lesson tomorrow.

**2** 서술형평가
대화를 듣고, 내일 여자 아이가 할 일을 우리말로 쓰시오.

→ _____

## 3

B : My _____ [1점] is James, and I _____ _____ [2점] New York. Tomorrow is my birthday. I'm going to have a _____ [1점] with my friends at _____ [2점]. So I'm very excited.

**3** 16개시도 중학듣기평가
다음을 듣고, 남자 아이가 언급하지 않은 내용을 고르시오. ······· ( )

① 자신의 이름
② 자신이 사는 곳
③ 내일의 계획
④ 받고 싶은 선물

## 4

① B : What is your _____ [2점] food?

　G : I love spaghetti.

② B : Who is that _____ [1점]?

　G : She is my English teacher.

③ B : I'm studying for my math test.

　G : No, thank you.

④ B : I want to travel to France this _____ [1점].

　G : Let's go _____ [2점]!

## 5

G : What are you doing, Michael?

B : I'm _____ [1점] some sandwiches for lunch.

G : Great. They look delicious.

B : Oh no! I _____ [1점] to buy tomatoes at the supermarket!

G : Let me _____ [1점] you. I'll go and _____ [1점] some tomatoes for you right now.

B : Thank you so much.

## 6

B : My father _____ [1점] at a hospital. He is a _____ [2점]. He _____ [1점] sick and poor children. I want to be like him when I _____ _____ [2점].

---

듣기실력쑥

**4** 수행평가

다음 중 알맞은 표현을 찾아 동그라미 하시오.

1. (Who, What) is your favorite food?
　→ I love spaghetti.
2. (Who, Where) is that woman?
　→ She is my English teacher.

**5** 16개시도 중학듣기평가

대화를 듣고, 내용과 일치하지 <u>않는</u> 것을 고르시오. ·············· (　　)

① 남자 아이는 지금 식사를 준비하고 있다.

② 점심 메뉴는 샌드위치이다.

③ 남자 아이는 모든 재료를 빠짐없이 구입했다.

④ 여자 아이는 상점에 갈 것이다.

**6** 16개시도 중학듣기평가

다음을 듣고, 남자 아이의 장래 희망을 고르시오. ·············· (　　)

① 선생님

② 의사

③ 요리사

④ 소방관

## 7

G : Hi, Tom. Did you have a nice _____ [1점] ?

B : Yes, I did. I went swimming with my

_____ [1점] .

G : That's great.

B : How about you, Sally?

G : I went to my grandparents' _____ [1점] .

B : Wow, can I go _____ [1점] with you someday?

G : Sure.

## 8

B : Do you like _____ [1점] , Julie?

G : No, I don't. It's _____ [1점] difficult.

B : Then, _____ [1점] is your favorite subject?

G : I like music.

B : _____ [1점] is that?

G : Because I like to _____ [1점] and dance.

## 9

G : It was my birthday yesterday. I went to a restaurant _____ my _____ [2점] . My parents had a steak. I had a pizza. Pizza is my sister's favorite food. But my sister was _____ [1점] so she couldn't come with us.

## 10

(Telephone rings.)

G : Hello?

B : Hi, Jessica. It's me, Thomas.

G : Oh hi, Thomas. What's up?

B : I think I _____ [2점] my science book. Can I borrow yours?

---

### 듣 기 실 력 쑥

**7** 16개시도 중학듣기평가

대화를 듣고, Tom과 Sally가 주말에 한 일로 바르게 짝지어진 것을 고르시오. ····················· (     )

| | Tom | Sally |
|---|---|---|
| ① | 도서관 가기 | 농장 가기 |
| ② | 수영 | 농장 가기 |
| ③ | 농장 가기 | 수영 |
| ④ | 도서관 가기 | 수영 |

**8** 서술형평가

대화를 듣고, 여자 아이가 좋아하지 않는 과목과 그 이유를 우리말로 쓰시오.

→ _____

**9** 수행평가

다음을 듣고, 여자 아이의 가족과 그들이 시킨 메뉴가 옳게 짝지어진 것을 고르시오. ····················· (     )

| | 여자 아이(I) | 어머니 | 아버지 |
|---|---|---|---|
| ① | steak | pizza | steak |
| ② | pizza | steak | steak |
| ③ | steak | pizza | pizza |
| ④ | pizza | steak | pizza |

**10** 16개시도 중학듣기평가

대화를 듣고, 남자 아이가 전화를 건 목적을 고르시오. ····················· (     )

① 약속시간을 변경하기 위해

② 숙제를 물어보기 위해

③ 책을 빌리기 위해

④ 집에 초대하기 위해

G : Yes. I'll _____ [1점] it to you on Sunday.

B : Thanks. Let's _____ [1점] at the bus stop at eight.

G : OK. _____ [1점] you then!

# 11

W : Excuse me. How do I _____ [1점] to City Hall?

M : First, go straight two blocks. You will see a _____ [1점] at the end of the second block. _____ [1점] left, and City Hall is on your right.

W : Thank you very much.

M : You're _____ [2점].

**11** 16개시도 중학듣기평가

대화를 듣고, 여자가 가려고 하는 곳을 고르시오. ················ (    )

① 은행
② 도서관
③ 시청
④ 소방서

# 12

G : Wow, is this you, Mike?

B : Yes, it's me _____ [1점] I was five years old.

G : Is she your _____ [1점]?

B : Yes. That is Susan, my older sister.

G : She's _____ [1점] two bananas.

B : Yes. She likes bananas.

G : Oh, you both are so cute.

**12** 16개시도 중학듣기평가

대화를 듣고, Mike와 Susan의 관계로 알맞은 것을 고르시오. ····(    )

① 친구
② 남매
③ 사촌
④ 선후배

# 13

① B : I'm going to do my _____ [1점] all day.

② B : I'm going to take care of my sister _____ [1점].

③ B : I'm going to go to a concert today.

④ B : I'm going to _____ [2점] a bike this _____ [1점].

**13** 1+1 어휘

be 동사+going to 는 가까운 미래를 말할 때 쓸 수 있습니다.

What are you going to do tomorrow?
너는 내일 뭘 할거니?
I'm going to play soccer with my friends tomorrow.
나는 내일 친구들과 함께 축구를 할 거야.

## 14

① B : Can I play _____ 1점 now?

　W: No, _____ 1점 your homework first.

② B : I'm so sorry, Mom.

　W: That's OK. Be careful next time.

③ B : Mom, I'm _____ 2점.

　W: Dinner is ready!

④ B : Mom, _____ 1점 is my bag?

　W: It's in your room.

## 15

B : Today, I went on a picnic _____ 2점 my mom.
We sat _____ 1점 a big tree. _____ 1점 having
lunch, I listened to music and my mom _____ a
_____ 2점.

## 16

B : Mom, I can't _____ 1점 my English book.

W: _____ 1점 did you put it yesterday?

B : I thought I put it on my _____ 1점, but it's not
there.

W: Maybe it's on the _____ 2점.

B : No, it's not.

W: Then, _____ 1점 under your bed.

B : Oh, you're right. It's here!

듣 기 실 력 쑥

**14** 1+1 어휘

허락을 구하는 표현: Can I ~?

Can I borrow your book?
네 책을 빌려도 될까?

Can I take a look at it?
잠깐 그것을 봐도 될까요?

부탁하는 표현: Can you ~?

Can you close the window,
please?
창문 좀 닫아주시겠어요?

Can you pass me the salt,
please?
소금 좀 건네 주시겠어요?

**15** 16개시도 중학듣기평가

다음을 듣고, 내용과 일치하지 <u>않는</u>
것을 고르시오. ·············· (　　)

① 나는 오늘 소풍을 갔다.
② 어머니와 함께 나무 아래 앉았다.
③ 점심식사 후, 나는 낮잠을 잤다.
④ 어머니는 책을 읽으셨다.

**16** 1+1 어휘

위치를 말할 때 자주 나오는 단어들

on ~위에 ↔ under ~아래에
on the right 오른쪽에
↔ on the left 왼쪽에
in ~안에 ↔ out ~바깥에
in front of ~의 앞에
↔ behind ~의 뒤에

## 17

G : What's _____ 1점?

B : I lost my _____ 1점 today.

G : Oh no! Where did you _____ 1점 it?

B : At school.

G : _____

## 18

G : Hi, John. You look _____ 2점 today.

B : Thank you.

G : _____ 1점 you buy a new T-shirt?

B : Yes, I did. I bought it _____ 1점.

G : I like the _____ 2점. Where did you buy it?

B : _____

## 19

G : It's so _____ 1점 today.

B : Yes, it is. I want something _____ _____ 2점.

G : Let's go and _____ 1점 some orange juice.

B : _____ _____ 2점. Where is the supermarket?

G : _____

## 20

G : You look tired _____ 1점, Mike.

B : Yes I am. I'm very _____ 2점 right now.

G : What did you do last night?

B : I read a book.

G : Was the book _____ 2점?

B : _____

듣기실력 쑥

**17** 16개시도 중학듣기평가

대화를 듣고, 남자 아이가 잃어버린 물건과, 그것을 잃어버린 장소가 옳게 짝지어진 것을 고르시오. ·····( )

| | 잃어버린 물건 | 잃어버린 장소 |
|---|---|---|
| ① | 손목시계 | 도서관 |
| ② | 손목시계 | 학교 |
| ③ | 필통 | 도서관 |
| ④ | 필통 | 학교 |

**18** 16개시도 중학듣기평가

대화를 듣고, 남자 아이가 어제 한 일을 고르시오. ··············( )

① 수학숙제 하기
② 영화관에 가기
③ 여동생을 돌보기
④ 새 옷을 사기

**19** 16개시도 중학듣기평가

대화를 듣고, 두 아이가 할 일을 고르시오. ·····················( )

① 수영장 가기
② 슈퍼마켓 가기
③ 축구 경기 보러 가기
④ 자전거 타러 가기

**20** 16개시도 중학듣기평가

대화를 듣고, 남자 아이가 어젯밤에 한 일을 고르시오. ··········( )

① 운동하기
② 방 정리하기
③ 책 읽기
④ 영화 보기

정답과 해석 34쪽

| 학습예정일 | 월 일 | 실제학습일 | 월 일 | 부모님확인란 | | 맞은개수 | |
|---|---|---|---|---|---|---|---|

● 들려주는 단어를 잘 듣고, 영어노트에 받아쓰시오.

1 look ▶ look for

2 ▶

3 ▶

4 ▶

5 ▶

6 ▶

7 ▶

8 ▶

9 ▶

10 ▶

11 ▶

12 ▶

13 ▶

14 ▶

15 ▶

정답과 해석 34쪽

| 학습예정일 | 월 일 | 실제학습일 | 월 일 | 부모님확인란 | | 맞은개수 | |
|---|---|---|---|---|---|---|---|

● 대화를 듣고, 영어노트에 문장을 받아쓰시오.

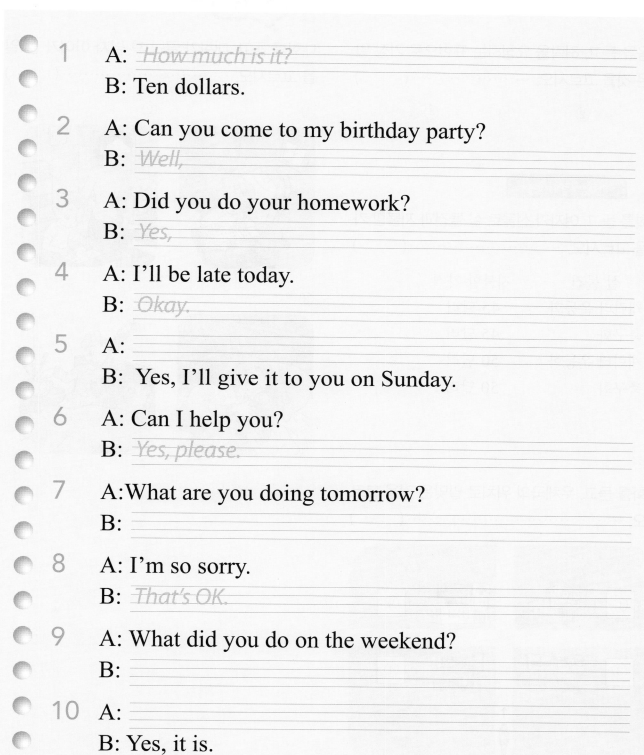

1  A: *How much is it?*
   B: Ten dollars.

2  A: Can you come to my birthday party?
   B: *Well,*

3  A: Did you do your homework?
   B: *Yes,*

4  A: I'll be late today.
   B: *Okay.*

5  A:
   B: Yes, I'll give it to you on Sunday.

6  A: Can I help you?
   B: *Yes, please.*

7  A: What are you doing tomorrow?
   B:

8  A: I'm so sorry.
   B: *That's OK.*

9  A: What did you do on the weekend?
   B:

10 A:
   B: Yes, it is.

# 08회 6학년 영어듣기 모의고사

정답과 해석 35쪽

| 학습예정일 | 월 일 | 실제학습일 | 월 일 | 부모님확인란 | 점수 |

## 1

다음을 듣고, 허락을 요청하는 표현으로 가장 알맞은 것을 고르시오. ·················· (   )

①      ②      ③      ④

## 2 진단평가형

대화를 듣고, 여자가 선물로 살 물건과 지불할 가격을 고르시오. ·················· (   )

| 살 물건 | 지불할 가격 |
|---|---|
| ① 캐릭터 운동화 | 45 달러 |
| ② 축구화 | 45 달러 |
| ③ 캐릭터 운동화 | 50 달러 |
| ④ 축구화 | 50 달러 |

## 3

대화를 듣고, 우체국의 위치로 알맞은 것을 고르시오. ·················· (   )

## 4

대화를 듣고, 대화가 끝난 후 남자 아이가 할 일을 고르시오. ·················· (   )

①
②
③
④

## 5

대화를 듣고, 내용과 일치하는 그림을 고르시오.
·············································· (      )

## 7

대화를 듣고, Charlie의 전화번호를 고르시오.
·············································· (      )

① 323-2275          ② 323-2274
③ 233-2275          ④ 233-2257

## 8    진단평가형

대화를 듣고, 여자 아이가 좋아하는 계절과 그 이유가 바르게 짝지어진 것을 고르시오. ·· (      )

|  | 계절 | 이유 |
|---|---|---|
| ① | 봄 | 캠핑 가기 좋은 날씨이다. |
| ② | 여름 | 수영을 할 수 있다. |
| ③ | 가을 | 기분 좋은 날씨이다. |
| ④ | 겨울 | 눈 사람을 만들 수 있다. |

## 6

대화를 듣고, 여자 아이가 매일 하는 운동을 고르시오. ·············································· (      )

① 볼링
② 축구
③ 요가
④ 테니스

## 9

다음을 듣고, 남자 아이가 말한 내용과 일치하지 않는 것을 고르시오. ····················· (      )

① 이름은 Michael이다.
② 호주에서 왔다.
③ 가족 중에 형이 있다.
④ 축구 하는 것을 좋아한다.

## 10

대화를 듣고, 여자 아이가 할 일이 무엇인지 고르시오. ·································· (　　)

① 설거지 하기
② 만화책 읽기
③ 화장실 청소하기
④ 고무장갑 갖다 주기

## 11

대화를 듣고, 두 아이가 만나서 할 일과 만나기로 한 시각을 고르시오. ···················· (　　)

|  | 만나서 할 일 | 시각 |
|---|---|---|
| ① | 대청소 하기 | 12시 |
| ② | 점심식사 하기 | 2시 |
| ③ | 인라인 스케이트 타기 | 2시 |
| ④ | 숙제하기 | 12시 |

## 12

대화를 듣고, 장갑의 위치가 올바른 그림을 고르시오. ····································· (　　)

① 　②

③ 　④

## 13

다음을 듣고, 남자 아이의 모습으로 알맞은 것을 고르시오. ····························· (　　)

① 　②

③ 　④

## 14

다음을 듣고, 그림에 알맞은 것을 고르시오.
······································· (　　)

①　　②　　③　　④

## 15

대화를 듣고, 남자 아이가 찾고 있는 물건과 그것이 있는 장소를 고르시오. ·············· (　　)

|   | 찾는 물건 | 장소 |
|---|---|---|
| ① | 노트북 컴퓨터 | 책상 |
| ② | 책 | 학교 |
| ③ | 노트북 컴퓨터 | 자동차 |
| ④ | 책 | 교실 |

## 16

대화를 듣고, 여자 아이가 산 물건과 가격이 바르게 짝지어진 것을 고르시오. ·············· (　　)

|   | 산 물건 | 가격 |
|---|---|---|
| ① | 플레이도 | $ 30 |
| ② | 로봇 | $ 35 |
| ③ | 플레이도 | $ 15 |
| ④ | 로봇 | $ 50 |

## 17

다음을 듣고, 알맞지 <u>않은</u> 대답을 고르시오.
·············································· (　　)

①　　　　②　　　　③　　　　④

## 18

대화를 듣고, 여자 아이의 응답으로 가장 알맞은 것을 고르시오. ························· (　　)

① I'll see you there.
② See you next time then.
③ At eight o'clock in the morning.
④ Let's meet at the Lake Park at three.

## 19

대화를 듣고, 여자 아이의 응답으로 가장 알맞은 것을 고르시오. ························· (　　)

① That's too bad.
② I'm okay. Thank you.
③ Don't worry. She'll be all right.
④ I'll go to see a doctor tomorrow.

## 20

대화를 듣고, 여자 아이의 응답으로 가장 알맞은 것을 고르시오. ························· (　　)

① I'm going to learn the guitar.
② My vacation is too short.
③ The vacation is already over.
④ We're going to the library now.

## step 1 6학년 영어듣기 어구받아쓰기 08회

| 학습예정일 | 월 일 | 실제학습일 | 월 일 | 부모님확인란 | | 점수 | | 정답과 해석 35쪽 |

●MP3 파일을 잘 듣고, 빈칸을 채우시오.

## 1

① W: Do you want some _____ [1점]?

② W: May I _____ [1점] your scissors?

③ W: You should finish your _____ [1점].

④ W: You can use the pencil in _____ [1점] of you.

## 2

M: Shoes Mart! May I help you?

W: Yes, I want to buy a _____ [2점] for my son.

M: How about these Iron Man character sneakers?

W: He _____ [2점] has those. How much are these soccer shoes?

M: They're 50 dollars, but I can give you a five-dollar _____ [2점].

W: Okay, I'll take them.

## 3

B : Excuse me. Do you know where the _____ _____ [2점] is?

G : The post office? Do you see the _____ _____ [2점] there?

B : Yes. I see it.

G : Go straight and turn _____ [1점] at the bus stop.

B : Okay.

G : Then go straight again. It's on your left _____ _____ [2점] the hospital. You can't miss it.

B : Thank you.

### 1  [+] 어휘

'May I ∼?' 또는 'Can I ∼?'는 '∼해도 돼?'라는 의미로 허락을 구하는 표현입니다.

May I sit here? 여기 앉아도 돼?
Can I use your ruler?
네 자를 써도 돼?

### 2  16개시도 중학듣기평가

대화를 듣고, 다음 중 알 수 없는 것을 고르시오. ·················· (    )

① 여자는 아들을 위한 선물을 사려고 한다.

② 아이언맨 캐릭터가 있는 운동화는 이미 가지고 있다.

③ 아이언맨 캐릭터가 있는 운동화의 가격은 50달러이다.

④ 여자는 결국 축구화를 골랐다.

### 3  수행평가

그림을 보고 질문에 알맞은 대답을 쓰시오.

How can I get to the hospital?

→ _____

_____

## 4

W: It's time to go to _____ 1점.

B : I have a math _____ 1점 tomorrow.

W: Didn't you finish _____ 1점 for the test yet?

B : Not yet.

W: It's already ten forty. I think you need to get some _____ 2점 before the test.

B : Okay. I'll go to bed.

W: And don't cram next time.

B : Got it.

## 5

G : Sir, can you help me? I can't _____ 1점 my cat.

M: Oh, I'm sorry. Can you describe your cat?

G : My cat has _____ _____ 1점 hair.

M: And?

G : Her ears are _____ 1점.

M: Long gray hair and tiny ears. I'll look around the apartment grounds. What's your address?

G : 105-702.

## 6

B : I go _____ 2점 every Saturday. Would you like to join me?

G : I'm sorry. I'm not _____ _____ 2점 bowling.

B : What kind of sports do you do?

G : Actually I do yoga every day.

B : Wow, I'm _____ 2점 in yoga, too. Can you teach me?

G : _____ 2점.

---

듣 기 실 력 쑥

**4** 1+1 어휘

It's time to ~ 이제 ~할 시간이야.

It's time to go to school.
학교 갈 시간이야.

It's time to say goodbye.
이제 헤어질 시간이야.

**5** 수행평가

다음을 읽고, 일치하는 그림의 번호를 찾아 쓰시오.

① 　②

③ 　④

1. My cat has short spotted hair. And her ears are tiny. (　　)
2. My cat has short orange hair. And her ears are big. (　　)

**6** 1+1 어휘

'Would you like to ~?'는 '~하실래요?'라는 뜻으로 상대방의 의사를 묻는 표현입니다.

Would you like to go shopping?
쇼핑 하실래요?

## 7

(Telephone rings.)

G : Hello.

B : Hello, Miho. _____ _____ [2점] Chris.

G : Hi, Chris. What's up?

B : Do you know Charlie's phone number? I have something to _____ [1점] him.

G : Yes. Wait a _____ [1점].
It's 233-2275.

B : 233-2257?

G : No, it's 2275.

B : I see. Thanks a lot.

## 8

M : Cindy. _____ [2점] your stuff. We're going camping tomorrow.

G : Dad, do I  have to go? I don't like hot and humid weather.

M : You can _____ [2점] in the river there.

G : I know, but I _____ [2점] staying at home during summer.

M : I didn't know that.

G : I like autumn. I feel good because it's cool and dry.

## 9

B : Let me _____ [2점] myself. My name is Michael. I'm _____ [1점] New Zealand. I have a family of four; father, mother, older brother and me. I love playing soccer. I want to make _____ [1점] with you. Glad to meet you.

**7** 수행평가
다음은 전화 통화의 일부이다. 빈칸에 알맞은 낱말을 써 넣어 문장을 완성하시오.

> Miho : Hello.
> Chris : Hello, Miho.
> _____ is Chris.

**8** 1+1 어휘
의무를 나타내는 have to

have to는 '~해야 한다'는 의무를 나타내는 표현입니다. 부정문인 don't have to는 '~하지 않아도 된다'는 뜻이 됩니다.

You have to knock.
넌 노크를 해야 돼.
You don't have to knock.
넌 노크를 하지 않아도 돼.

**9** 서술형평가
다음을 읽고, 글 속의 인물이 되어 자기 소개를 영어로 해 보시오.

> 제 소개를 하겠습니다. 제 이름은 Tom이에요. 저는 캐나다에서 왔습니다.

→ _____
_____

## 10

M: Megan, are you _____ (2점)?

G: No, I'm just _____ (1점) a comic book. Why?

M: I'm cleaning the bathroom, and I _____ (1점) rubber gloves.

G: Okay, I'll _____ (1점) you the gloves. Where are they?

M: They are on the cupboard shelf.

## 11

(Telephone rings.)

G: Hello.

B: Hi, Kristen. This is Ben. What are you doing?

G: I was _____ (2점) my room.

B: I'm going inline skating after _____ (1점). Want to go?

G: Good. What time?

B: Let's _____ (1점) at two o'clock. I'll go to your place.

G: Okay. _____ (1점) you then.

## 12

B: _____ (1점) are my _____ (2점)?

G: Your mittens? They are on the chair _____ _____ (1점) your desk.

B: Oh, I see _____ (1점). Thanks.

## 13

B: I _____ (2점) my grandfather last Saturday. He has a large cornfield. I _____ him _____ (2점) corn by hand. After the harvest, we _____ (2점) a lot of corn and watched TV together. We had a really good time. I'll visit him again soon.

### 듣기실력쑥

**10 듣기Tip**

대화의 인물이 하려는 일을 유추하기 위해서는 핵심 표현을 주의 깊게 들어야 합니다.

I'm reading ~ 과 I'm cleaning ~ 은 현재 일이 진행되고 있다는 의미이고, I'll ~은 앞으로 할 일의 의미가 담겨있습니다. 따라서 I'll이 포함된 문장을 주의 깊게 들으면 앞으로 할 일이 고무장갑을 갖다 주는 것임을 쉽게 알 수 있습니다.

**11 1+1 어휘**

What are you doing?
너 뭐하고 있니?

How are you doing?
어떻게 지내니?

**12 수행평가**

그림을 보고, 빈칸에 알맞은 낱말을 넣으시오.

A: Where are my mittens?

B: They are _____ the chair _____ to your desk.

**13 수행평가**

주어진 문장을 자연스러운 순서가 되도록 배열하시오.

① After the harvest, we ate a lot of corn.
② I visited my grandfather last Saturday.
③ I helped him pick corn by hand.

(   ) - (   ) - (   )

## 14

① G : _____ _____ 2점! There's a rock in front of you!

② G : I want a _____ 1점 one, please.

③ G : _____ 1점 run to the ice cream van!

④ G : That's not the one I _____ 1점.

## 15

B : Tina, where is my laptop that I _____ 1점 you?

G : It's on my desk.

B : I already _____ 1점 your room, but it wasn't there.

G : Well, let me think.

B : I'm late. _____ 1점!

G : I used it in my presentation at school. Oh! I _____ 2점 it in mom's car.

B : Okay.

## 16

M : May I help you?

G : Yes, please. _____ _____ 2점 is this robot?

M : It's a best-selling item. It's _____ 2점 dollars.

G : Hmm. How much is that Play-Doh?

M : It's 15 dollars. Plus, we'll give you two for the _____ 1점 of one.

G : That's nice. I'll take the Play-Doh.

## 17

B : What are you doing?

① G : I'm _____ 1점 some snacks.

② G : I'm _____ 1점 my homework.

③ G : I'm _____ [1점] for my mom.
④ G : I'm doing _____ [1점]. How about you?

## 18

(Telephone rings.)
B : Hello?
G : Hello. _____ _____ [2점] Sue. Is Kevin there?
B : _____ [2점].
G : Kevin, what are you going to do this _____ [1점]?
  Let's go bicycling.
B : That sounds good. Where do you want to meet?
G : _____

## 19

G : Minsu, _____ [1점] play in the playground
  _____ _____ [2점].
B : I'd like to, but I can't.
G : Are you okay? Are you _____ [1점]?
B : I'm not feeling _____ [1점].
G : _____

## 20

B : When is your school _____ [1점]?
G : It's _____ [1점] 23rd.
B : So, what are you going to do _____ [1점] the
  vacation?
G : _____

**들기실력쑥**

**18** [1+1 어휘]
예정 묻고 답하기

What are you going to do? (너 뭐
할 거니?)로 질문하면 I am going
to ~ 또는 I'll ~로 대답할 수 있습니
다.

**19** [16개시도 중학듣기평가]
대화의 내용과 일치하는 것을 고르시
오. ............( )
① 두 사람은 전화 통화를 하고 있다.
② 두 사람은 방과후에 운동장에서
  놀 것이다.
③ 남자 아이는 몸 상태가 좋지 않다.
④ 여자 아이는 감기에 걸렸다.

**20** [수행평가]
다음 질문에 알맞게 답한 사람은 O표,
알맞게 답하지 못한 사람은 X표를 하
시오.

질문 : What are you going to do
  during the vacation?

| | |
|---|---|
| 보라 : I'm going to learn the violin. ( ) | |
| 미나 : I'm going to study English. ( ) | |
| Brian : I'm going to the library now. ( ) | |

정답과 해석 39쪽

| 학습예정일 | 월 일 | 실제학습일 | 월 일 | 부모님확인란 | | 맞은개수 | |
|---|---|---|---|---|---|---|---|

● 들려주는 단어를 잘 듣고, 영어노트에 받아쓰시오.

1  front  ▶  in front of

2  ▶

3  ▶

4  ▶

5  ▶

6  ▶

7  ▶

8  ▶

9  ▶

10  ▶

11  ▶

12  ▶

13  ▶

14  ▶

15  ▶

정답과 해석 39쪽

| 학습예정일 | 월 일 | 실제학습일 | 월 일 | 부모님확인란 | | 맞은개수 | |

● 대화를 듣고, 영어노트에 문장을 받아쓰시오.

1 A: Where is my book?
  B: *It's in front of you.*

2 A:
  B: Around 10.

3 A: Do you want to go bowling?
  B: *No, I don't.*

4 A: I do yoga every day.
  B: *Wow,*

5 A: Do you know Mina's number?
  B:

6 A:
  B: No, not really.

7 A: *There's a rock in front of you!*
  B: Thanks a lot.

8 A:
  B: Yes, I did.

9 A: This is Sue. Is Kevin there?
  B:

10 A:
   B: That's too bad.

## 1

대화를 듣고, 남자 아이가 친구를 기다리는 목적을 고르시오. ····················· (      )

① 버스를 함께 타려고
② 영화관에 함께 가려고
③ 친구 집에 놀러 가려고
④ 체육관에 함께 가려고

## 2  진단평가형

대화를 듣고, 남자 아이가 살 꽃의 종류와 누구를 위한 것인지를 고르시오. ··············· (      )

| | 꽃 종류 | 꽃을 받을 사람 |
|---|---|---|
| ① | 백합 | 어머니 |
| ② | 장미 | 어머니 |
| ③ | 백합 | 할머니 |
| ④ | 장미 | 할머니 |

## 3  중요문제

대화를 듣고, 남자 아이가 할 일을 고르시오.
····················· (      )

①    ②

③    ④

## 4  진단평가형

대화를 듣고, 여자 아이가 여름 방학 동안에 방문할 곳과 떠날 시기를 고르시오. ········· (      )

| | 방문할 곳 | 떠나는 시기 |
|---|---|---|
| ① | 도쿄 | 내일 |
| ② | 도쿄 | 다음 주 |
| ③ | 홍콩 | 내일 |
| ④ | 홍콩 | 다음 주 |

09회

중요문제

## 5

대화를 듣고, 내용과 일치하는 것을 고르시오.
············································ (        )

①

②

③

④

## 6

대화를 듣고, 두 아이가 하려고 하는 것을 고르시오. ····································· (        )

## 7

대화를 듣고, 두 아이가 무엇에 관하여 이야기하고 있는지를 고르시오. ················· (        )

① 가족들의 직업
② 가족관계
③ 좋아하는 가족
④ 가족들의 나이

## 8

대화를 듣고, 두 사람이 사러 갈 재료를 고르시오. ····································· (        )

①

②

③

④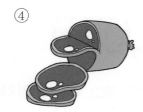

## 9

대화를 듣고, Julie가 어제 한 일을 고르시오.
············································ (        )

① 소풍 가기
② 음식점에서 저녁 먹기
③ 농구 하기
④ 아르바이트 하기

## 10

대화를 듣고, 여자 아이가 빠뜨린 물건을 고르시오. ·········································· (      )

① 배드민턴 공      ② 배드민턴 라켓
③ 도시락      ④ 축구공

## 11

대화를 듣고, 남자 아이가 찾고 있는 장소의 위치를 고르시오. ····························· (      )

## 12

다음을 듣고, 내용과 일치하는 그림을 고르시오. ·········································· (      )

## 13

대화를 듣고, 남자 아이가 찾고 있는 물건이 어디에 있는지 고르시오. ····················· (      )

## 14

다음을 듣고, 내용과 일치하는 것을 고르시오.
·········································· (      )

①       ②

③       ④

## 15

대화를 듣고, 오늘 있을 시험과 오늘의 요일을 고르시오. ·································· ( )

| 오늘의 요일 | 오늘 있을 시험 |
|---|---|
| ① 수요일 | 과학 시험 |
| ② 수요일 | 수학 시험 |
| ③ 목요일 | 과학 시험 |
| ④ 목요일 | 수학 시험 |

## 16 진단평가형

대화를 듣고, 남자 아이의 생일 파티가 있을 요일과, 여자 아이가 생일 파티에 가지 못하는 이유를 고르시오. ····························· ( )

| 생일 파티 요일 | 가지 못하는 이유 |
|---|---|
| ① 다음 주 수요일 | 숙제를 해야 해서 |
| ② 다음 주 수요일 | 삼촌 집에 가야 해서 |
| ③ 다음 주 금요일 | 숙제를 해야 해서 |
| ④ 다음 주 금요일 | 삼촌 집에 가야 해서 |

## 17

대화를 듣고, 여자의 응답으로 알맞지 <u>않은</u> 것을 고르시오. ····························· ( )

① I want to play a video game.
② It is my pleasure.
③ Let's watch a movie.
④ I have no idea.

## 18

대화를 듣고, 남자의 응답으로 가장 알맞은 것을 고르시오. ····························· ( )

① Yes, please.
② It's okay.
③ That's all right.
④ Sure, I will.

## 19

대화를 듣고, 남자 아이의 응답으로 가장 알맞은 것을 고르시오. ····························· ( )

① It's old.
② It's yours.
③ It's expensive.
④ It's difficult.

## 20

대화를 듣고, 여자의 응답으로 가장 알맞은 것을 고르시오. ····························· ( )

① I want orange juice.
② I'm tired.
③ I have enough money.
④ Thank you very much.

| 학습예정일 | 월 일 | 실제학습일 | 월 일 | 부모님확인란 | | 점수 | | 정답과 해석 40쪽 |

●MP3 파일을 잘 듣고, 빈칸을 채우시오.

## 1

G : Hi, Bob. What are you _____ [1점] here?

B : I'm _____ _____ [2점] my friend.

G : Are you going _____ [1점] with your friend?

B : Yes. We are going to the _____ [1점].

## 2

W: Hello. May I help you?

B : Yes, I want to buy _____ for my _____ [1점].

W: Okay. What kind of flowers does she like?

B : She likes _____ and _____ [2점].

W: Sorry, we _____ [1점] have roses today.

B : Okay. I want five of them, please.

## 3

W: Are you _____ [1점] to go, Minho?

B : Yes, I'm ready.

W: I'll drive your father's car today.

B : Okay. Let's go.

W: Oh, the car key is _____ the _____ [1점]. Can you _____ it for _____ [2점]?

B : Sure.

**듣기실력쑥**

**1** 1+1 어휘
some과 관련된 단어들에 대해 알아봅시다.

somewhere 어딘가에
someday 언젠가
sometime 언젠가
somewhat 얼마간, 약간, 다소

Let's go somewhere for a cup of coffee.
우리 커피 한 잔 하게 어딘가에 가자.
Let's meet sometime next week.
다음 주 언젠가 우리 만나자.
The hotel was nice, but somewhat expensive.
호텔은 좋았지만 다소 비쌌다.

**2** 1+1 어휘
'What kind of ~?'는 '어떤 종류의 ~?' 라는 뜻입니다. 이를 이용하여 상대방에게 다양한 질문을 할 수 있습니다.

What kind of movies do you like?
넌 어떤 종류의 영화를 좋아하니?
What kind of music do you like to listen to?
넌 어떤 종류의 음악을 듣는 것을 좋아하니?

**3** 서술형평가
대화를 듣고, 자동차 열쇠가 어디에 있는지 영어로 쓰시오.
→ _____

## 4

B : _____ 1점 vacation starts tomorrow.

G : Yes. I'm so _____ 1점.

B : Me, too. I'm going to Hong Kong. What about you?

G : I'm going to Tokyo with my _____ 1점.

B : That sounds great. When are you _____ 1점?

G : I'm leaving _____ _____ 2점.

## 5

B : _____ _____ 2점?

G : I bought a doll for my sister, but I _____ 1점 it.

B : Oh, that's too bad. Let's find it together.

G : Thanks. It's a princess doll. It has _____ 1점 hair.

B : And?

G : It is _____ a short _____ 1점.

## 6

B : It's very _____ 1점 today. How about _____ a _____ 2점 in the park?

G : I'm sorry, but I don't want to go.

B : Why?

G : I'm very _____ 1점. Let's just _____ _____ 2점 the bench.

B : Okay. I will sit with you.

### 4 16개시도 중학듣기평가
대화를 듣고, 여자 아이가 누구와 함께 여행을 가는지 고르시오. ··( )
① 친구　② 부모님
③ 남동생　④ 여동생

### 5 수행평가
대화를 듣고, 메모지의 빈칸에 알맞은 내용을 쓰시오.

**MEMO**
A Princess Doll
- has _____ hair.
- is wearing a _____ dress.

### 6 수행평가
그림을 보고, 빈칸에 알맞은 단어를 넣어 문장을 완성하시오.

They are _____ _____ the bench.

## 7

B : Who is the girl in this _____ 1점?

G : That's my little sister. I have one little sister and one little _____ 1점.

B : I have _____ one _____ 2점 brother.

G : I see.

## 8

M : Let's _____ pasta _____ _____ 2점.

W : Okay. Do you have _____ 1점?

M : Yes. I also have garlic and ham.

W : Good. How about _____ 1점?

M : Oh, I don't have any now.

W : That's okay. Let's go to the _____ 1점 store. We need onions.

## 9

B : Hi, Julie. Did you _____ _____ 1점 a picnic with your family yesterday?

G : No, I didn't. It rained all day _____ 1점 yesterday.

B : Oh, that's right.

G : So we had a nice dinner at a Chinese _____ 1점 yesterday. How about you?

B : I played basketball with my _____ 2점 at a gym.

## 10

G : Wow! It's a sunny day.

B : Yes, it is. Let's sit _____ _____ 2점.

---

듣 기 실 력 쑥

**7** +1 어휘

가족과 관련된 어휘들

parents 부모님
grandparents 조부모님
aunt 숙모/이모/고모
uncle 삼촌
younger[little] brother 남동생
younger[little] sister 여동생
cousin 사촌
only child 외동아들/딸

**8** 수행평가

다음 단어를 올바르게 배열하여 문장을 완성하시오.

make, for, let's, pasta, dinner

→ _____

**9** 수행평가

그림을 보고, 알맞은 대답이 되도록 빈칸을 완성하시오.

A: Did you go on a picnic with your family yesterday?
B: No, I didn't. It _____.

**10** +1 어휘

bring과 take의 차이

bring 가져오다    take 가지고 가다

Did you bring your book today?
넌 오늘 네 책을 가져왔니?
I'd like to take this book.
전 이 책을 가지고 가고 싶어요.

G : Okay. Did you _____ [1점] badminton rackets today?

B : Yes. I also have a soccer ball. Let's have lunch first.

G : _____ [1점] a minute. Where is my lunch box? It's not _____ [1점].

## 11

B : Excuse me, Ma'am. Where is Choi's _____ [1점]?

W: Go _____ and turn left at the first _____ [2점].

B : You mean turn left at that Italian restaurant over there?

W: Yes. Then go straight. It's _____ the _____ [2점] and the bank.

B : Thank you very much.

## 12

G : Today was my dad's 55th _____ [1점].
I went to the _____ shop and bought a _____ [2점]. And then I _____ him a birthday _____ [2점]. I love my dad.

## 13

B : Where is my robot , Mom?

W: I _____ it on the _____ [2점].

B : On the shelf? It's not _____ [1점], Mom.

W: Well, maybe it's on the _____ [2점].

B : Hmm... I've found it. It's _____ [1점] the chair.

**11** [+1 어휘]
위치와 관련된 어휘들

between A and B  A와 B사이에
next to  ~옆에
in front of  ~의 앞쪽에
behind  뒤에
opposite  건너편의, 반대편의
on one's right  ~의 오른쪽에
on one's left  ~의 왼쪽에

**12** [수행평가]
그림을 보고, 인물이 할 말로 알맞은 말을 빈칸에 쓰시오.

A: What did you do yesterday?
B: I _____ a birthday card _____ my dad.

**13** [수행평가]
우리말 해석과 같은 뜻이 되도록, 빈칸에 알맞은 말을 써넣어 대화를 완성하시오.

A: Where is the robot?
   로봇이 어디에 있니?
B: It's _____.
   그것은 의자 아래에 있어.

## 14

B : Last Sunday, I _____ my _____ 2점.
Also, I helped my dad _____ 1점 his car. I was
very tired at night. So I _____ to _____ 2점
early.

## 15

G : I'm nervous now.
B : Why?
G : We have a science test _____ 1점.
B : What? I _____ it's on _____ 2점.
G : Yes. Today is Thursday. We have a science test
today, and we have a _____ 2점 test tomorrow.
B : Oh my god! I thought today is _____ 2점.

## 16

(Telephone rings.)
B : Hello. Can I speak to Jisun? This is Junhyun.
G : Yes, _____ 1점.
B : Are you busy?
G : I'm _____ my _____ 2점 but it is okay.
B : Can you come to my birthday party
_____ 1점 Friday?
G : Next Friday? I'm really sorry, but I'm going to my
_____ _____ 2점 next Wednesday and stay
there until Friday.

14  16개시도 중학듣기평가
다음을 듣고, 내용과 일치하지 않는
것을 고르시오. ·············· ( )
① 나는 지난 일요일에 내 방을 청소
했다.
② 나는 아빠와 함께 설거지를 했다.
③ 나는 너무 피곤하였다.
④ 나는 일찍 잠자리에 들었다.

15  수행평가
대화를 듣고, 다음 질문에 알맞은 대
답을 쓰시오.
A: When do they have a science
test?
B: _____.

tips : 전화 상황 표현
May I take a message?
저에게 메시지를 남기겠어요?

She is on another line.
그녀는 다른 전화를 받고 있어요.

I'll call back.
제가 다시 전화 드리겠어요.

16  수행평가
메모지를 보고, 전화 내용과 다르게
기록한 부분에 v표 하시오.

| 전화한 사람 | ☐ |
| Jisun | |
| 전화 받은 사람 | ☐ |
| Junhyun | |
| 전화를 한 이유 | ☐ |
| 생일파티에 초대하려고 | |

## 17

M : It's raining. We can't go _____ 2점.

W : I think we should _____ at _____ 2점.

M : Okay. What _____ 1점 we do at home?

W : _____

---

## 18

W : Are you _____ 1점 now, James?

M : No, not _____ 1점. Why?

W : _____ you help me _____ 2점 this box?

M : _____

---

## 19

G : What are you _____ 1점?

B : I'm reading *Harry Potter*.

G : Are you reading the _____ _____ 2점 of *Harry Potter*?

B : Yes, I am.

G : _____ 1점 is it?

B : _____

---

## 20

M : I'm _____ 1점. Let's drink something.

W : Oh, there is a coffee shop.

M : Let's go there.

W : What do you want to _____ 1점?

M : I want a _____ _____ 2점 coffee. How about you?

M : _____

---

**17** 1+1 어휘

상대방에게 감사의 인사를 받고, 이에 '천만에요, 별말씀을요' 라는 표현으로 답할 때 다음과 같이 씁니다.

You're welcome.
Not at all.
No problem.
It's my pleasure.
Don't mention it.

A: Thank you very much for your help.
네 도움 정말 고마워.

B: Not at all.
별말씀을.

---

**18** 수행평가

그림을 보고, 도움을 요청하는 말을 쓰시오.

A: Will you _____?
B: Sure.

---

**19** 1+1 어휘

'~은 어떠니?'라고 표현할 때는 'How is ~?'라고 씁니다.

A: How is the food? 음식은 어때?
B: It's delicious. 그것은 맛있어.

---

**20** 수행평가

다음을 읽고, 빈칸에 알맞은 말을 써 넣어 대화를 완성하시오.

A: What do you want to drink?
너는 무엇을 마시고 싶니?

B: I want a _____.
나는 커피 한 잔을 원해.

● 들려주는 단어를 잘 듣고, 영어노트에 받아쓰시오.

1  *wait*  ▶  *wait for*

2  ▶

3  ▶

4  ▶

5  ▶

6  ▶

7  ▶

8  ▶

9  ▶

10  ▶

11  ▶

12  ▶

13  ▶

14  ▶

15  ▶

정답과 해석 44쪽

| 학습예정일 | 월 일 | 실제학습일 | 월 일 | 부모님확인란 | | 맞은개수 | |

● 대화를 듣고, 영어노트에 문장을 받아쓰시오.

1 A: Who are you waiting for?
  B: *I am waiting for my friend.*

2 A: You look tired.
  B: *Yes,*

3 A: Summer vacation is coming.
  B: *Yes.*

4 A: I lost my cell phone.
  B:

5 A:
  B: Sounds good.

6 A:
  B: Okay.

7 A:
  B: No, I didn't.

8 A: Let's have lunch first.
  B:

9 A: Why didn't you answer my phone?
  B:

10 A:
   B: No, not really. Why?

# 10회 6학년 영어듣기 모의고사

정답과 해석 45쪽

| 학습예정일 | 월 일 | 실제학습일 | 월 일 | 부모님확인란 | 점수 |
|---|---|---|---|---|---|

## 1

다음을 듣고, 대화가 이루어지고 있는 장소를 고르시오. ······················ (      )

① 여행사          ② 우체국
③ 문구점          ④ 호텔

## 2

대화를 듣고, 준서가 크리스마스 날에 할 일을 고르시오. ······················ (      )

① 할머니 댁에 가기
② 스키 타러 가기
③ 사촌들이랑 썰매 타러 가기
④ 교회 가기

## 3

다음을 듣고, 여자 아이가 말한 내용과 일치하지 않는 것을 고르시오. ··············· (      )

① 숙모는 캐나다에 사신다.
② 이번 겨울에 캐나다에 갈 것이다.
③ 지난 여름에 삼촌 집에 갔었다.
④ 삼촌은 LA에 사신다.

## 4

대화를 듣고, 두 아이가 보고 있는 사진으로 알맞은 것을 고르시오. ··············· (      )

①           ②

③           ④

## 5

대화를 듣고, 남자가 찾고 있는 물건이 어디에 있는지 고르시오. ··············· (      )

## 6

중요문제

대화를 듣고, 여자 아이가 오늘 할 일을 고르시오. ·········· ( )

①    ②

③    ④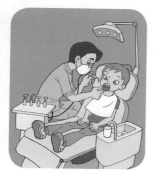

## 7

대화를 듣고, 여자 아이가 보지 <u>못한</u> 동물을 고르시오. ·········· ( )

① 기린
② 코끼리
③ 팬더
④ 원숭이

## 8

진단평가형

대화를 듣고, 남자 아이의 수학 수업이 있는 시각과 오늘 수학 수업에 갈 수 <u>없는</u> 이유를 고르시오. ·········· ( )

| | 시각 | 이유 |
|---|---|---|
| ① | 3시 | 배가 아파서 |
| ② | 3시 | 레슨이 취소 되어서 |
| ③ | 4시 | 머리가 아파서 |
| ④ | 4시 | 감기에 걸려서 |

## 9

다음을 듣고, 남자 아이가 말한 내용과 일치하는 것을 고르시오. ·········· ( )

① 아빠는 바이올린을 연주하신다.
② 엄마는 노래를 잘 부르신다.
③ 여동생은 음악 듣는 것을 좋아한다.
④ 남동생은 피아노를 잘 친다.

## 10

대화를 듣고, 남자 아이가 찾고 있는 물건과 그것이 있는 장소를 고르시오. ·········· ( )

| | 물건 | 장소 |
|---|---|---|
| ① | 책 | 책상 위에 |
| ② | 전화 | 침대 아래에 |
| ③ | 책 | 침대 아래에 |
| ④ | 전화 | 책상 위에 |

## 11
다음을 듣고, 내용에 어울리는 그림을 고르시오.
................................................ (      )

①      ②

③      ④

## 12  진단평가형
대화를 듣고, 두 사람이 주문하려는 음식과 가게의 전화번호를 고르시오. ............... (      )

| | 주문 음식 | 가게 전화번호 |
|---|---|---|
| ① | 자장면 | 359 − 6975 |
| ② | 자장면 | 359 − 9675 |
| ③ | 피자 | 359 − 6975 |
| ④ | 피자 | 359 − 9675 |

## 13
다음을 듣고, 그림에 알맞은 것을 고르시오.
................................................ (      )

①          ②          ③          ④

중요문제

## 14
다음을 듣고, 내용과 일치하는 사람을 고르시오.
................................................ (      )

①      ②

③      ④

## 15

대화를 듣고, Brian이 여름 방학 동안 한 일을 고르시오. ························ ( )

① 누나 집 방문하기
② 중국 여행하기
③ 영어 공부하기
④ 여름 캠프 가기

## 18

대화를 듣고, 여자 아이의 응답으로 가장 알맞은 것을 고르시오. ···················· ( )

① It will be fun.
② I'm excited.
③ I'm having dinner with my family.
④ I had a party with my friends.

## 16 진단평가형

대화를 듣고, 여자가 산 품목과 그 가격을 고르시오. ···························· ( )

| 산 품목 | 가격 |
| --- | --- |
| ① 치킨 샌드위치 | 1달러 |
| ② 치킨 샌드위치 | 4달러 |
| ③ 베이컨 샌드위치 | 1달러 |
| ④ 베이컨 샌드위치 | 4달러 |

## 19

대화를 듣고, 여자 아이의 응답으로 가장 알맞은 것을 고르시오. ···················· ( )

① It's not me.
② It was fun and exciting.
③ I did my homework until 12 o'clock.
④ I was really sad.

## 17

대화를 듣고, 여자의 응답으로 알맞지 <u>않은</u> 것을 고르시오. ························ ( )

① It's okay. I'm full.
② Yes, please.
③ You're right.
④ No, thank you.

## 20

대화를 듣고, 남자의 응답으로 가장 알맞은 것을 고르시오. ························ ( )

① Yes, please.
② Speaking.
③ No, I'm full.
④ I don't think so.

| 학습예정일 | 월 | 일 | 실제학습일 | 월 | 일 | 부모님확인란 | | 점수 | | 정답과 해석 45쪽 |

● MP3 파일을 잘 듣고, 빈칸을 채우시오.

## 1

W : Hello. How may I help you?
B : I want to _____ this _____ [2점] to Seattle.
W : Okay. Do you want to send it by _____ [1점]?
B : Yes, please. How much is it?
W : It's _____ [1점] dollars.

## 2

B : What are you going to do _____ [1점] Christmas, Minji?
G : I'm going to _____ [1점] my grandmother's house. Then I'm going to go _____ with my _____ [2점].
B : Sounds fun.
G : How about you, Junseo? What are you going to do on Christmas?
B : I'm going to go to _____ [1점] with my family.

## 3

G : My aunt lives in Canada. So, I'm going to go to Canada this _____ [1점]. _____ summer, I went to my _____ [2점] house. He _____ _____ [2점] LA. I had so much fun there.

**들기실력 쑥**

1 16개시도 중학듣기평가
대화를 듣고, 편지를 부치는 가격이 얼마인지 고르시오. ·········· (  )
① 2달러   ② 3달러
③ 4달러   ④ 5달러

2 16개시도 중학듣기평가
대화를 듣고, 여자 아이가 크리스마스 날 할 일을 고르시오. (      ) (2개)
① 할머니 댁에 가기
② 사촌들이랑 썰매 타러 가기
③ 스키 타러 가기
④ 교회 가기

3 수행평가
다음을 읽고, 질문에 알맞은 답을 쓰시오.
A: What is she going to do this summer?
B: She's _____.

# 4

G : What is this _____ 1점?

B : It is my grandmother's house.

G : What a nice house!

B : Yes, it _____ 1점 is. Look at the tree _____ _____ 2점 the house.

G : Wow! It is very big.

B : It is a very _____ 1점 tree.

# 5

M : Do you know _____ 1점 my iPad is?

W : It's _____ the _____ 2점 near the lamp.

M : Near the lamp? It's not here.

W : It's not there? Then _____ on the _____ 2점.

M : Okay. Oh, here it is. It's _____ 1점 the box.

# 6

B : Let's go to the Taekwondo club _____ 1점. It _____ 1점 at two o'clock.

G : Sorry, I can't go.

B : Why?

G : I have to go to the _____ 1점. My friend is _____ 1점 the hospital now.

B : Okay. Please _____ 1점 to the meeting next week.

### 4 수행평가
그림을 보고, 빈칸에 알맞은 말을 쓰시오.

The tree is _____ _____ the house.
(나무는 집 옆에 있습니다.)

### 5 1+1 어휘
위치와 관련된 전치사

in ~안에
on ~위에
beside / next to ~ 옆에
in front of ~ 앞에
behind ~ 뒤에
under / underneath ~아래에
below ~아래 쪽에

### 6 수행평가
대화를 듣고, 메모지의 빈칸에 알맞은 내용을 쓰시오.

```
         MEMO
The club meeting starts at
_____.
```

## 7

B : What did you do on Sunday?

G : I went to Seoul _____ [1점] with my family.

B : What _____ _____ [1점] animals are there?

G : There are many animals like giraffes, _____ [1점], and monkeys.

B : Are there _____ [1점]? I like pandas a lot.

G : I didn't see any.

## 8

W : Where are you, Ted?

B : I'm _____ my _____ [1점].

W : It's three o'clock. You have a math lesson _____ [1점] four o'clock.

B : I can't go today, Mom.

W : Why?

B : I _____ a _____ [2점].

## 9

B : My family likes music. My dad plays the _____ [1점]. My mom can _____ very _____ [2점]. My sister _____ [1점] the piano. My brother likes to _____ [1점] to music.

## 10

W : What are you _____ _____ [2점] Dongin?

B : I'm looking for my _____ [1점].

---

듣 기 실 력 쑥

**7** 수행평가

그림을 보고, 알맞은 대답을 쓰시오.

A: Where did you go on Sunday?

B: _____

　(나는 동물원에 갔어.)

**8** 수행평가

주어진 단어를 배열하여 문장을 완성하시오.

A: What's wrong? Are you okay?

B: _____

　(have, I, headache, a)

**9** 1+1 어휘

'~악기를 연주하다'라고 말할 때 'play the + 악기'로 씁니다. 이때 the를 빠트리지 않도록 주의합니다.

I can play the piano very well.
나는 피아노를 잘 연주할 수 있다.

'~스포츠를 하다'라고 말할 때 'play + 스포츠'로 씁니다. 이때 the는 쓰지 않습니다.

Let's play basketball.
우리 농구를 하자.

**10** 수행평가

대화를 듣고, 알맞은 대답을 쓰시오.

A: What is he looking for?

B: _____

W: Where did you put it?

B : I put it _____ [1점] my desk, but it's not there.

W: Let's find it _____ [1점]. (pause) Oh, it's here.

B : Where is it?

W: It's _____ [1점] the bed.

# 11

G : Today is _____ [1점]. I'm _____ [1점] my room now. My hands are very _____ [1점]. I want to go to the _____ and _____ my _____ [2점].

다음을 듣고, 다음 질문에 알맞은 답을 쓰시오.

A: What day is it today?

B: _____

# 12

W: I'm hungry. Let's _____ [1점] some food.

M: Hmm… How about _____ [1점] jajangmyeon?

W: I don't like it. Let's order a pizza _____ [1점] Papa's Pizza Parlor.

M: That's a good _____ [1점]. What is the _____ [1점] number?

W: It's 359-9675.

다음을 읽고 밑줄 친 부분과 바꾸어 쓸 수 있는 문장을 고르시오 ‥( )

A: Let's order a pizza from Papa's Pizza Parlor.
B: That's a good idea.

① That's alright.
② It's okay.
③ What a great idea!
④ I have no idea.

# 13

① B : I _____ [1점] at 7 o'clock.

② B : I _____ _____ _____ [2점] at 8 o'clock.

③ B : I eat _____ [1점] at 7:30.

④ B : I go to school at 8:30.

다음을 듣고, 질문에 알맞은 대답을 영어로 쓰시오.

A: What time does he go to school?

B: _____

## 14

G : He's my _____ 1점 movie star. Isn't he handsome? He has _____ 1점 hair. He has a _____ 1점 face. He's _____ 1점 a necktie. He doesn't wear _____ 1점.

## 15

G : Hello, Brian. Long time no see.
B : Hi, Trisha. How was your summer vacation?
G : It was good. I _____ 1점 my sister in China.
B : What did you do _____ your _____ 2점?
G : We _____ 1점 a lot. How about you?
B : I _____ English _____ 2점 the summer.

## 16

M : Hello. Would you like to _____ 1점?
W : Yes. Can I have one bacon sandwich, please?
M : I'm really sorry. We don't have bacon sandwiches _____ 1점. _____ about a _____ 2점 sandwich?
W : Okay. _____ 1점 please.
M : That will be four dollars.

## 17

W : All the _____ is _____ 2점.
M : Thank you.
W : I really like this _____ 1점 salad.
M : Do you like it? Do you want _____ _____ 2점?
W : _____

14 16개시도 중학듣기평가
다음을 듣고, 내용과 일치하지 <u>않는</u> 것을 고르시오. ·············( )
① 소녀가 가장 좋아하는 영화배우는 짧은 머리를 가지고 있다.
② 소녀가 가장 좋아하는 영화배우는 각진 얼굴을 가지고 있다.
③ 소녀가 가장 좋아하는 영화배우는 넥타이를 매고 있다.
④ 소녀가 가장 좋아하는 영화배우는 선글라스를 끼고 있지 않다.

15 16개시도 중학듣기평가
대화를 듣고, 여자 아이가 여름 방학 동안에 한 일을 고르시오. ····( )
① 언니 집 방문하기
② 일본 여행하기
③ 영어 공부하기
④ 여름 캠프 가기

16 수행평가
주어진 단어를 배열하여 대화를 완성하시오.
A : _____ ?
(order, like, you, would, to)
B : Yes. One bacon sandwich, please.

17 수행평가
그림을 보고 음식을 권유하고 답하는 문장을 완성하시오.

A : Do you _____ ?
B : No, _____ .

Dictation

10회

## 18

B : You _____ _____ [2점] today.
G : My birthday is tomorrow.
B : Oh, I didn't know that. _____ [1점]!
G : Thank you.
B : So what are you going to do _____ your _____ [2점]?
G : _____

## 19

G : Good morning, Chris. _____ [1점] are you today?
B : I'm fine. How about you?
G : I'm a _____ _____ [2점].
B : Why? What _____ you do _____ [2점]?
G : _____

## 20

(Telephone rings.)
W: Hello. This is C&C Company.
M: Hello. I'd _____ to _____ [2점] to Ms. Park, please.
W: She's in a _____ [1점] now. Would you like to _____ a _____ [2점]?
M: _____

### 듣기실력쑥

18 수행평가
생일을 축하하고 답하는 문장을 완성하시오.

A: Happy _____!
   생일 축하해!
B: _____.
   정말 고마워.

19 1+1 어휘
안부를 묻는 표현은 다음과 같이 다양하게 쓸 수 있습니다.

How are you today?
How are you feeling today?
How is it going?
How are you doing?
How's everything?

20 1+1 어휘
전화 통화 시 '~와 통화하고 싶어요.'는 다음과 같이 쓸 수 있습니다.

I'd like to speak to ~
I'd like to talk to ~
May I speak to ~?
Can I talk to ~?

전화 통화 시 '전하실 말씀이 있으세요?'는 다음과 같이 쓸 수 있습니다.

May I take a message?
May I have your message?
Is there any message?
Would you like to leave a message?

정답과 해석 49쪽

| 학습예정일 | 월 일 | 실제학습일 | 월 일 | 부모님확인란 | | 맞은개수 | |
|---|---|---|---|---|---|---|---|

● 들려주는 단어를 잘 듣고, 영어노트에 받아쓰시오.

1   *church*  ▶  *go to church*

2  ▶

3  ▶

4  ▶

5  ▶

6  ▶

7  ▶

8  ▶

9  ▶

10  ▶

11  ▶

12  ▶

13  ▶

14  ▶

15  ▶

## step 3  6학년 영어듣기 통문장받아쓰기 10회

정답과 해석 49쪽

| 학습예정일 | 월 일 | 실제학습일 | 월 일 | 부모님확인란 | 맞은개수 |

● 대화를 듣고, 영어노트에 문장을 받아쓰시오.

1  A: *How may I help you?*
   B: I want to send this letter.

2  A: I'm going to the zoo.
   B:

3  A:
   B: Yes, it really is.

4  A: Did you see my iPad?
   B:

5  A: What's wrong with you?
   B:

6  A: What is your hobby?
   B:

7  A: I'm hungry, Mom.
   B:

8  A: How are you?
   B:

9  A:
   B: Wait a minute.

10 A: She's not here.
   B:

# 학습계획표 20일 완성!

✔ 초등영어 받아쓰기·듣기 10회 모의고사를 100% 활용할 수 있도록 도와주는 학습계획표입니다.
　스스로 학습 일정을 계획하고 학습 현황을 체크하면서 공부하는 습관은 문제집을 끝까지 푸는 데 도움을 줍니다.

| Day | 학습내용 | 학습결과 | | 학습날짜 | | |
|---|---|---|---|---|---|---|
| 1일차 | **01**회 모의고사 | 맞음 | /20 | 월 | 일 | 요일 |
| 2일차 | **01**회 받아쓰기 학습 1+1문제 풀기 | 점수 | /100 | 월 | 일 | 요일 |
| 3일차 | **02**회 모의고사 | 맞음 | /20 | 월 | 일 | 요일 |
| 4일차 | **02**회 받아쓰기 학습 1+1문제 풀기 | 점수 | /100 | 월 | 일 | 요일 |
| 5일차 | **03**회 모의고사 | 맞음 | /20 | 월 | 일 | 요일 |
| 6일차 | **03**회 받아쓰기 학습 1+1문제 풀기 | 점수 | /100 | 월 | 일 | 요일 |
| 7일차 | **04**회 모의고사 | 맞음 | /20 | 월 | 일 | 요일 |
| 8일차 | **04**회 받아쓰기 학습 1+1문제 풀기 | 점수 | /100 | 월 | 일 | 요일 |
| 9일차 | **05**회 모의고사 | 맞음 | /20 | 월 | 일 | 요일 |
| 10일차 | **05**회 받아쓰기 학습 1+1문제 풀기 | 점수 | /100 | 월 | 일 | 요일 |
| 11일차 | **06**회 모의고사 | 맞음 | /20 | 월 | 일 | 요일 |
| 12일차 | **06**회 받아쓰기 학습 1+1문제 풀기 | 점수 | /100 | 월 | 일 | 요일 |
| 13일차 | **07**회 모의고사 | 맞음 | /20 | 월 | 일 | 요일 |
| 14일차 | **07**회 받아쓰기 학습 1+1문제 풀기 | 점수 | /100 | 월 | 일 | 요일 |
| 15일차 | **08**회 모의고사 | 맞음 | /20 | 월 | 일 | 요일 |
| 16일차 | **08**회 받아쓰기 학습 1+1문제 풀기 | 점수 | /100 | 월 | 일 | 요일 |
| 17일차 | **09**회 모의고사 | 맞음 | /20 | 월 | 일 | 요일 |
| 18일차 | **09**회 받아쓰기 학습 1+1문제 풀기 | 점수 | /100 | 월 | 일 | 요일 |
| 19일차 | **10**회 모의고사 | 맞음 | /20 | 월 | 일 | 요일 |
| 20일차 | **10**회 받아쓰기 학습 1+1문제 풀기 | 점수 | /100 | 월 | 일 | 요일 |

**01회**

1. at school / bathroom / Sounds like
2. still / hope so / in line
3. It's Friday / After school / favorite
4. went camping / How about / There were / enjoyed
5. way to / straight / turn right / next to
6. pouring / couch / isn't / front of
7. weather / Carry / rain / sunny hot
8. summer / hate / having fun
9. daily schedule / shower / by bus
10. looking at / motor show / favorite
11. How small / How high / flower
12. inline skating / can't / following day
13. new / Welcome to / kind / if
14. want / mountain / present / Mine / buy
15. picked up / whose / around / return
16. some more / cooking / like to order
17. Where / borrow / Why don't
18. deliver / with speed / Anything else
19. how's it / birthday / sorry / pajama
20. What / present for / popular / take

**02회**

1. homework / something / garden / cinema
2. lunch / let's / dirty / bathroom / Wait
3. going / library / dirty / clean / tomorrow

4. mother's / fifty-five / roses / lilies
5. looking / picture / doctor / English teacher
6. grandmother / long / wears / glasses / necklace
7. look tired / movie / game / fun
8. hot / go swimming / lunch / tennis
9. England / living / brothers / music / singer
10. pretty card / snowman / Christmas / welcome
11. Excuse me / left / corner / between
12. wrong / cold / headache / high fever
13. How about / know / car / Can
14. bus stop / next to / missed
15. book / on / Wait / in basket
16. use / mine / Whose / yours
17. using chair / need more
18. How much / each / delicious / anything else
19. Good / speak to / right now
20. going / hospital / matter / cold

**03회**

1. Look at / animals / guitar / paintings
2. Hello / gift / buy / baker / Hurry up
3. robot / expensive / toy car / take
4. her dog / homework
5. sick / cleaned / washed / proud
6. together / don't like
7. strange / drawing / math / math
8. Pull / paper / Move / button

9.  taller / can't / stronger / better
10. help / Cheer up / here / Be careful
11. Sit / ticket / taller than / headache
12. soccer / stadium / on TV
13. made / cap / carrot / gloves / found
14. zoo / elephants / straight / left / right
15. Let's go / open / see movie / Monday
16. problem / go on / Whose turn
17. look happy / new book / hobby / like
18. sing / play / How about
19. tickets / join / love to / visit
20. finished / home / raining / umbrella / share

1.  plans / swimming / can't swim / Let's
2.  waiting / quiet / homework / wrong / stomachache
3.  weekend / birthday / special / ride / exciting
4.  picture / flowers / birds / park
5.  going out / table / table / vase
6.  excited / show start / minutes / inside
7.  water / thirsty / climbing / mountains
8.  birthday / birthday / join us / grandmother's house
9.  present / Why / Because / soccer / sports / Where
10. where / straight / left / between
11. ready for / excited / trips / swimming
12. are doing / math / tomorrow / Fridays / today
13. Whose / scarf / mine / gloves

14. return library / wallet / look / find wallet
15. long / glasses / skirt / star skirt
16. swimming pool / school / must tell / call
17. meeting / why / sick
18. This is / speak to / home / leave message
19. name / Korea / friend
20. close / smell / smells / close minutes

1.  Speaking / How much / Thank you
2.  finished / library / late / closed / watch
3.  uncle / soccer / cold sunny / uncle
4.  dancing / together / buy / go with / bookstore
5.  present / notebooks / many notebooks / music
6.  weekend / sports / don't / basketball / basketball
7.  dangerous / play with / favorite
8.  This is / go out / care
9.  get dressed / thirty / o'clock
10. sister / wearing / anymore / taller than
11. straight left / left / right
12. movie / read / fishing / fishing / rained
13. dirty / big / small / clean
14. long hair / tall / doesn't glasses
15. oranges / them / how to / Where / Why / Because
16. bed / table / table / bag / bag
17. hobby / hobby / sports / Can we
18. help / present / How much

# 초등영어 받아쓰기·듣기 10회 모의고사

## 정답과 해석

## 초등6학년 ①

**마더텅 학습 교재 이벤트에 참여해 주세요.** 참여해 주신 모든 분께 선물을 드립니다.

---

### 이벤트 1  1분 간단 교재 사용 후기 이벤트

마더텅은 고객님의 소중한 의견을 반영하여 보다 좋은 책을 만들고자 합니다.
교재 구매 후, <교재 사용 후기 이벤트>에 참여해 주신 모든 분께는 감사의 마음을 담아
네이버페이 포인트 1천 원 을 보내 드립니다.
지금 바로 QR 코드를 스캔해 소중한 의견을 보내 주세요!

---

### 이벤트 2  마더텅 교재로 공부하는 인증샷 이벤트

 인스타그램에 <마더텅 교재로 공부하는 인증샷>을 올려 주시면
참여해 주신 모든 분께 감사의 마음을 담아  네이버페이 포인트 2천 원 을 보내 드립니다.
지금 바로 QR 코드를 스캔해 작성한 게시물의 URL을 입력해 주세요!

**필수 태그** #마더텅 #초등영어 #공스타그램

---

※ 자세한 사항은 해당 QR 코드를 스캔하거나 홈페이지 이벤트 공지 글을 참고해 주세요.
※ 당사 사정에 따라 이벤트의 내용이나 상품이 변경될 수 있으며 변경 시 홈페이지에 공지합니다.
※ 만 14세 미만은 부모님께서 신청해 주셔야 합니다.
※ 상품은 이벤트 참여일로부터 2~3일(영업일 기준) 내에 발송됩니다.
※ 동일 교재로 두 가지 이벤트 모두 참여 가능합니다. (단, 같은 이벤트 중복 참여는 불가합니다.)
※ 이벤트 기간: 2025년 12월 31일까지 (*해당 이벤트는 당사 사정에 따라 조기 종료될 수 있습니다.)

# 6학년 영어듣기 모의고사 정답과 해석

본문 8~17쪽

| 학습예정일 | 월 일 | 실제학습일 | 월 일 | 부모님확인란 | | 점수 | |
|---|---|---|---|---|---|---|---|

| 정답과 단어 | 듣기대본 | 우리말 해석 |
|---|---|---|

## 1 정답 ③

bathroom 욕실
promise 약속하다

● 듣기실력쑥 정답 ②

B : I'm home, Mom.
W : How was your day at school?
B : Good. Where's Aunt Clare?
W : She's in the bathroom. Why?
B : She promised to play a new board game with me.
W : Sounds like fun!

소년: 저 집에 왔어요, 엄마.
여자: 오늘 학교는 어땠니?
소년: 좋았어요. Clare 이모는 어디 있어요?
여자: 그녀는 욕실에 있어. 왜?
소년: 그녀가 저와 새로운 보드게임을 하기로 약속했거든요.
여자: 재미있겠구나!

## 2 정답 ②

line 줄, 선
aquarium 수족관
wait in line 줄 서서 기다리다

● 듣기실력쑥 정답 ③

G : Look at all the people, Brian.
B : The lines for tickets are so long.
G : Do you still want to go to the aquarium?
B : Sure. You will love the dolphin show.
G : I hope so. But I'm really hungry now.
B : Then how about some hotdogs before we wait in line?
G : Sounds good!

소녀: 사람들 좀 봐, Brian.
소년: 표를 끊으려는 줄이 엄청 길구나.
소녀: 너 아직도 수족관에 가고 싶니?
소년: 당연하지. 너도 돌고래 쇼를 좋아할 거야.
소녀: 그러길 바라. 그렇지만 난 지금 정말 배고파.
소년: 그럼 줄을 서서 기다리기 전에 핫도그를 먹는 게 어때?
소녀: 좋아!

## 3 정답 ②

Friday 금요일
math 수학
favorite 가장 좋아하는
subject 과목, 주제

● 듣기실력쑥 정답 ③

G : It's Friday. I have four classes today. Two English classes and one math class in the morning, and one science class after lunch. After school, I'm going to study math. Math is my favorite subject and I have a math test next Monday.

소녀: 오늘은 금요일이다. 나는 오늘 4개의 수업이 있다. 오전에는 영어 수업 두 시간과 수학 수업 한 시간, 그리고 점심시간 후에 과학 수업 한 시간이다. 나는 방과 후에 수학을 공부할 것이다. 내가 가장 좋아하는 과목은 수학이고 다음 주 월요일에 수학시험이 있다.

## 4 정답 ④

vacation 방학, 휴가
go camping 캠핑 가다
almost 거의
there are ~(들이) 있다
lots of 많은
enjoy 즐기다

● 듣기실력쑥 정답 ①

G : Hello, Minsu. How have you been?
B : I'm very well. Did you have a nice vacation?
G : Yes. I went camping with my family almost every week. How about you?
B : I went to Disneyland in Hong Kong.
G : Wow! How was it?
B : There were lots of things to see and do. I also enjoyed many delicious foods!

소녀: 안녕, 민수야. 어떻게 지냈니?
소년: 아주 잘 지냈어. 넌 방학 잘 보냈니?
소녀: 응. 난 가족과 거의 매주 캠핑을 갔어. 넌 어때?
소년: 난 홍콩에 있는 디즈니랜드에 갔었어.
소녀: 와! 어땠어?
소년: 볼거리와 할 거리가 아주 많이 있었어. 또 나는 많은 맛있는 음식들도 즐겼어!

## 5 정답 ④

way 길, 방법
nearest 가장 가까운
grocery store 식료품점
straight 똑바로, 일직선으로
turn 돌다
next to ~옆에

● 듣기실력쑥 정답 ④

B : Excuse me. Can you tell me the way to the nearest grocery store?
W : Do you see that bookstore?
B : Yes.
W : Go straight to the bookstore and turn right at the corner.
B : Okay.
W : Then go straight one block and turn right at the pizza parlor. It's next to the pizza parlor.
B : Thank you.

소년: 실례합니다. 가장 가까운 식료품점 가는 길을 저에게 알려주실 수 있나요?
여자: 저 서점이 보이니?
소년: 네.
여자: 서점까지 쭉 가서 모퉁이에서 오른쪽으로 돌아.
소년: 알겠습니다.
여자: 그런 다음 한 블록 쭉 가서 피자가게에서 오른쪽으로 돌렴. 식료품점은 피자가게 옆에 있어.
소년: 고맙습니다.

## 6 정답 ③

| | |
|---|---|
| pour | (비가) 마구 쏟아지다 |
| raincoat | 비옷, 우의 |
| couch | 소파 |
| strange | 이상한 |
| late | 늦은, 지각한 |
| in front of | ~의 앞에 |

● 듣기실력쑥 정답 ④

B : Mom, it's <u>pouring</u> outside. Where is my raincoat?
W: I put it on the couch.
B : There's nothing on the <u>couch</u>.
W: That's strange. Why don't you check the chair?
B : It <u>isn't</u> there. Mom, I don't want to be late!
W: Oh, I see it. It's under the table in <u>front of</u> the couch.
B : I got it.

소년: 엄마, 밖에 비가 엄청 많이 와요. 내 비옷 어디 있어요?
여자: 소파 위에 올려놓았단다.
소년: 소파 위에 아무 것도 없어요.
여자: 그것 이상하네. 의자 좀 확인해 보지 그러니?
소년: 거기에 없어요. 엄마, 저 지각하고 싶지 않아요!
여자: 오, 그것이 보인다. 그것은 소파 앞에 있는 탁자 아래에 있구나.
소년: 알겠어요.

## 7 정답 ③

| | |
|---|---|
| weather | 날씨 |
| forecast | 예보, 예측 |
| carry | 가지고 다니다 |

● 듣기실력쑥 정답 ②

W: This is the <u>weather</u> forecast. Today it'll be rainy all day in Seoul. <u>Carry</u> an umbrella with you. In Jeju, though, it'll <u>rain</u> in the morning, but the afternoon will be <u>sunny</u> and <u>hot</u>. That's all for the weather today. Thank you.

여자: 날씨 예보입니다. 오늘 서울에는 하루 종일 비가 오겠습니다. 우산을 가지고 가십시오. 그러나 제주에는 오전에는 비가 오겠으나, 오후에는 화창하고 덥겠습니다. 오늘의 날씨였습니다. 감사합니다.

## 8 정답 ②

| | |
|---|---|
| summer | 여름 |
| winter | 겨울 |
| hate | 싫어하다 |
| have fun | 재미있게 놀다 |

● 듣기실력쑥 정답 ③

G : Dad, what is your favorite season? I like <u>summer</u> best.
M: Do you? I thought you love winter.
G : No. I <u>hate</u> the cold.
M: But I love skiing in winter.
G : I like <u>having fun</u> in the water on hot days.
M: That's not bad. I'll take you to the sea this weekend.
G : Really? Thank you, Dad!

소녀: 아빠, 어떤 계절이 제일 좋아요? 전 여름이 제일 좋아요.
남자: 그래? 난 네가 겨울을 좋아한다고 생각했는데.
소녀: 아니요. 전 추운 게 싫어요.
남자: 그렇지만 난 겨울에 스키 타는 게 좋던데.
소녀: 전 더운 날에 물에서 재미있게 노는 것이 좋아요.
남자: 그것도 나쁘지 않지. 이번 주말에 너를 바다에 데려가마.
소녀: 정말요? 감사해요, 아빠!

## 9 정답 ④

| | |
|---|---|
| daily schedule | 일정, 일과 |
| by bus | 버스를 타고 |

● 듣기실력쑥 정답 ②

B : Let me tell you about my <u>daily schedule</u>. I get up at seven thirty every morning. I take a <u>shower</u> and have breakfast by eight. I go to school <u>by bus</u> at eight twenty. I get back home around four.

소년: 여러분께 제 하루 일정에 대해 말씀 드리겠습니다. 저는 매일 아침 7시 30분에 일어납니다. 저는 8시까지 샤워를 하고 아침을 먹습니다. 저는 8시 20분에 버스를 타고 학교에 갑니다. 저는 4시쯤 집으로 돌아옵니다.

## 10 정답 ④

| | |
|---|---|
| look at | ~을 보다 |
| where | 어디에(서) |
| motor show | 모터쇼, 자동차 전시회 |
| look like | ~처럼 보인다 |

● 듣기실력쑥 정답 ③

B : Hey, what are you <u>looking at</u>?
G : It's a picture of my dream car.
B : Oh, cool. Where did you take it?
G : I took it at a <u>motor show</u>.
B : It looks small and cute. I love sports cars though.
G : Yes. I like its color. Yellow is my <u>favorite</u> color.

소년: 이봐, 뭘 보고 있어?
소녀: 내 꿈의 자동차 사진이야.
소년: 오, 괜찮네. 그 사진 어디에서 찍었어?
소녀: 난 이걸 모터쇼에서 찍었어.
소년: 작고 귀여워 보이는구나. 난 스포츠카를 아주 좋아하지만 말이야.
소녀: 응. 나는 그것의 색깔이 좋아. 노란색은 내가 제일 좋아하는 색이야.

## 11 정답 ③

| | |
|---|---|
| world | 세상, 세계 |

● 듣기실력쑥 정답 ②

① G : <u>How small</u> the world is!
② G : How tall this tree is!
③ G : <u>How high</u> this building is!
④ G : How beautiful this <u>flower</u> is!

① 소녀: 세상이 얼마나 좁은지!
② 소녀: 이 나무가 얼마나 높은지!
③ 소녀: 이 빌딩이 얼마나 높은지!
④ 소녀: 이 꽃이 얼마나 아름다운지!

world ▶

## 12 정답 ③

plan 계획
Saturday 토요일
following day
　　　　다음 날
Sunday 일요일

● 듣기실력쑥 정답 ②

B : Gwen. Do you have any plans Saturday?
G : Why do you ask?
B : Let's go inline skating together.
G : Actually, I can't go on Saturday. I'm going to my grandma's house.
B : How about the following day?
G : Sunday is fine. I'll call you then.

소년: Gwen. 토요일에 무슨 계획 있니?
소녀: 왜 묻는데?
소년: 함께 인라인 스케이트 타러 가자.
소녀: 사실. 토요일에는 갈 수 없어. 나 할머니 댁에 갈 거야.
소년: 다음 날은 어때?
소녀: 일요일은 괜찮아. 그때 전화할게.

---

## 13 정답 ③

new 새로운
welcome 환영하다
kind 종류
snowboard 스노보드
ski 스키(타다)
teach 가르치다
if 만약에 ~면

● 듣기실력쑥 정답 ③

G : Hello, I'm Stella. I'm a new member.
B : Hi, I'm Juho. Welcome to our sports club!
G : Thank you. What kind of sports do you like?
B : I like snowboarding. How about you?
G : I like skiing, playing tennis and swimming, but I can't snowboard.
B : I can teach you how to snowboard if you want.

소녀: 안녕, 난 Stella야. 난 신입회원이야.
소년: 안녕, 난 주호야. 우리 스포츠 클럽에 온 걸 환영해.
소녀: 고마워. 넌 어떤 종류의 운동을 좋아하니?
소년: 난 스노보드 타는 걸 좋아해. 넌 어때?
소녀: 난 스키타기, 테니스 치기 그리고 수영하기를 좋아하지만, 스노보드는 못 타.
소년: 네가 원한다면 내가 어떻게 스노보드 타는지 가르쳐줄 수 있어.

---

## 14 정답 ③

want 원하다
graduation 졸업
mountain bike
　　　　산악자전거
present 선물
mine 나의 것
buy 사다

● 듣기실력쑥 정답 ③

W: Tom. What do you want for your graduation present?
B : Mom, I really want a mountain bike.
W: I don't think that's a good present for a 13-year-old boy.
B : Then I want to get a new smart phone. Mine is too old.
W: Okay. I'll buy you a new one.
B : Thank you, Mom!

여자: Tom. 네 졸업선물로 뭘 원하니?
소년: 엄마, 저 정말 산악자전거가 가지고 싶어요.
여자: 그건 13살짜리 소년에게 좋은 선물이 아닌 것 같구나.
소년: 그럼 새 스마트폰을 가지고 싶어요. 제 것은 너무 낡았어요.
여자: 좋아. 새로운 걸 사주마.
소년: 고마워요, 엄마!

present ▶　　　　　　　　graduation ▶

---

## 15 정답 ④

pick 줍다
around ~의 주위에
whose 누구의
found 찾았다
　　　(find의 과거형)

● 듣기실력쑥 정답 ②

B : Yujin. Is this your pen? I picked it up around your desk.
G : No. It's Miso's pen.
B : Then do you know whose USB this is? I found this around your desk, too.
G : Oh, I've seen it before. It's Mijin's.
B : Okay. I'll return the items to them.

소년: 유진아. 이거 너의 펜이니? 내가 네 책상 주변에서 그걸 주웠어.
소녀: 아니. 그거 미소 펜인데.
소년: 그럼 이거 누구의 USB인지 아니? 이것도 네 책상 주변에서 찾았는데.
소녀: 오, 전에 그거 본적 있어. 그거 미진이 거야.
소년: 알았어. 이것들을 그들에게 돌려줘야겠다.

---

## 16 정답 ①

delicious 맛있는
order 주문하다
finish 끝내다

● 듣기실력쑥 정답 ③

① W: Do you want some more?
　 B : Yes, please. This is delicious!
② W: My hobby is cooking.
　 B : Me, too. I like cooking.
③ W: Would you like to order?
　 B : I'll have steak and salad.
④ W: Can you make pasta?
　 B : No, I can't.

① 여자: 그것 좀 더 원하니(먹을래)?
　 소년: 네. 이거 맛있네요!
② 여자: 나의 취미는 요리하는 것이야.
　 소년: 저도요. 저는 요리하는 것이 좋아요.
③ 여자: 주문하시겠습니까?
　 소년: 저는 스테이크와 샐러드를 먹을게요.
④ 여자: 너 파스타 만들 수 있니?
　 소년: 아니요, 저는 못해요.

| 정답과 단어 | 듣기대본 | 우리말 해석 |

## 17 정답 ①

library 도서관
borrow 빌리다
should ~해야 한다
return 돌려주다, 반납하다
why don't we ~? 우리 ~하는 게 어때? (권유의 표현)

● 듣기실력쑥 정답 ①

B : Hi, Susan. Where are you going?
G : I'm going to the library to borrow some books.
B : Oh, I should go there to return this book, too.
G : That's good. Why don't we go together?
B : **Good. Let's go.**

소년: 안녕, Susan. 어디 가고 있니?
소녀: 책을 좀 빌리러 도서관에 가고 있어.
소년: 오, 나도 이 책 반납하러 거기 가야 해.
소녀: 잘됐다. 우리 함께 가는 게 어때?
**소년: 좋아. 가자.**

① 좋아. 가자.
② 응, 그랬어.
③ 아니, 넌 하지 못해.
④ 별말씀을.

## 18 정답 ①

deliver 배달하다
with speed 신속하게
large 큰, 라지 사이즈
anything else 그 밖에 또 무엇인가
expensive 비싼

● 듣기실력쑥 정답 ③

(Telephone rings.)
W: Hello. Uncle Joe's Pizza. How can I help you?
M: Do you deliver?
W: Sure. We deliver pizza with speed.
M: I'd like to order a large cheese pizza and a coke.
W: Anything else?
M: **That's all.**

(전화벨이 울린다.)
여자: 여보세요. Uncle Joe's 피자입니다. 무엇을 도와 드릴까요?
남자: 배달 되나요?
여자: 물론이죠. 저희 피자는 신속배달 됩니다.
남자: 라지 치즈피자와 콜라 주문할게요.
여자: 그 밖에 다른 것은 없나요?
**남자: 그게 답니다.**

① 그게 답니다.
② 네, 맞아요.
③ 아니요, 저는 그게 좋지 않아요.
④ 그것은 너무 비싸네요.

## 19 정답 ③

Friday 금요일
sorry 미안한
pajama 파자마, 잠옷
Never mind. 신경 쓰지 마.
promise 약속하다

● 듣기실력쑥 정답 ③

B : Jenny, how's it going?
G : Fine. How about you?
B : Good. I'm having a birthday party this Friday. Would you like to come?
G : I'm so sorry. I'll have to go to Minju's pajama party this Friday.
B : **Never mind. Have fun at Minju's party!**

소년: Jenny, 어떻게 지내?
소녀: 좋아. 넌 어때?
소년: 좋아. 나 이번 주 금요일에 생일파티를 열 거야. 너 와 줄 수 있니?
소녀: 정말 미안해. 난 민주의 파자마 파티에 가야 해.
**소년: 신경 쓰지 마. 민주의 파티에서 재미있게 보내!**

① 그럼 나는 파티를 열게.
② 나는 생일파티에 갈 수 없어.
③ 신경 쓰지 마. 민주의 파티에서 재미있게 보내!
④ 아빠가 내게 자전거를 사주신다고 약속 하셨어.

## 20 정답 ①

look for ~을 찾다
present 선물
popular 인기 있는
item 품목, 물품
bad 나쁜
expensive 비싼
refund 환불
change 잔돈
coin 동전

● 듣기실력쑥 정답 ③

M: What can I do for you?
G : I'm looking for a present for my mom.
M: How about this scarf? It's a popular item. It's 50 dollars.
G : 15 dollars? Not bad. I'll take it.
M: Sorry. It's 50, not 15.
G : **It's too expensive for me.**

남자: 무엇을 도와드릴까요?
소녀: 엄마를 위한 선물을 찾고 있어요.
남자: 이 스카프 어떠세요? 인기 있는 품목입니다. 50달러에요.
소녀: 15달러요? 나쁘지 않네요. 그것을 가져갈게요.
남자: 미안합니다. 그건 15달러가 아니고 50달러에요.
**소녀: 그건 저에게 너무 비싸네요.**

① 그건 저에게 너무 비싸네요.
② 저는 이 물품을 환불 받고 싶습니다.
③ 거스름돈을 동전으로 주세요.
④ 나의 엄마는 그 스카프를 가지고 있지 않으셔요.

coin ▶

## step2 낱말받아쓰기 정답 본문 18쪽  복습합시다!

| 학습 예정일 | / | 실제 학습일 | / | 부모님 확인란 | 맞은 개수 |
|---|---|---|---|---|---|

1 bathroom/ go to the bathroom
화장실/화장실에 가다

2 line/ line up
줄/ 줄을 서다

line up ▶

3 favorite/ favorite subject
제일 좋아하는/ 제일 좋아하는 과목

4 vacation/ be on vacation
방학, 휴가/ 휴가 중이다

5 turn/ turn on/ turn off
돌다/ (불을) 켜다/ (불을) 끄다

6 pour/ pour over
퍼붓다/ 쏟다, 엎지르다

7 weather/ weather forecast
날씨, 기상/ 기상예보

8 schedule/ daily schedule
일정/ 매일의 일정

9 shower/ take a shower
샤워/ 샤워를 하다

10 look/ look at
보다/ ~을 보다

look at ▶

11 world/ in the world
세상/ 이 세상에서

12 plan/ make a plan
계획/ 계획을 짜다

13 new/ What's new?
새로운/ 뭐 새로운 거 있어? (안부 인사)

14 welcome/ You're welcome.
환영하다/ 별말씀을, 천만에요.

15 pick/ pick up
줍다/ ~를 (차에) 태우다

## step3 통문장받아쓰기 정답 본문 19쪽  복습합시다!

| 학습 예정일 | / | 실제 학습일 | / | 부모님 확인란 | 맞은 개수 |
|---|---|---|---|---|---|

1 A: I'm home, Mom.
A: 저 집에 왔어요, 엄마.
B: How was your day at school?
B: 학교에서 너의 하루는 어땠니?

2 A: Then how about some hotdogs before we wait in line?
A: 그러면 우리가 줄을 서서 기다리기 전에 핫도그는 어때?
B: Sounds good!
B: 좋아!

3 A: What day is it today?
A: 오늘 무슨 요일이지?
B: It's Friday.
B: 금요일이야.

4 A: How have you been?
A: 잘 지냈어?
B: Good. What about you?
B: 좋아. 너는 어때?

5 A: Can you tell me the way to the nearest grocery store?
A: 가장 가까운 식료품점이 어디인지 알려주시겠어요?
B: Sure. Go straight and turn right.
B: 그럼요. 쭉 가서 오른쪽으로 도세요.

6 A: Where's my English book?
A: 내 영어 책이 어디 있지?
B: It's under the table in front of the couch.
B: 소파 앞 탁자 아래에 있어.

7 A: Do you know how the weather will be tomorrow?
A: 내일 날씨가 어떨지 너는 아니?
B: It will be hot and sunny.
B: 덥고 맑을 거래.

8 A: What's your favorite season?
A: 네가 가장 좋아하는 계절은 뭐야?
B: I like summer best.
B: 나는 여름이 제일 좋아.

9 A: What time do you get up?
A: 너는 몇 시에 일어나니?
B: I get up at seven thirty every morning.
B: 나는 매일 아침 7시 반에 일어나.

10 A: What are you looking at?
A: 너는 무엇을 보고 있니?
B: It's a picture of my dream car.
B: 내 꿈의 자동차 사진이야.

| 학습예정일 | 월 일 | 실제학습일 | 월 일 | 부모님확인란 | | 점수 | |
|---|---|---|---|---|---|---|---|

## 정답과 단어

**1** 정답 ③

finish one's homework
　　　~의 숙제를 마치다
cinema 　영화관

● 듣기실력쑥 정답 ③

**2** 정답 ②

for lunch 　점심 식사로
first 　우선, 맨 먼저

● 듣기실력쑥 정답
① I want to eat a sandwich.
② I want to wash my hands.
③ I want to order some food.
④ I want to make sandwiches.

**3** 정답 ③

clean 　청소하다
keep one's promise
　　　~의 약속을 지키다

● 듣기실력쑥 정답
　너의 약속을 지켜라.

**4** 정답 ②

lily 　백합
give A B 　A에게 B를 주다

● 듣기실력쑥 정답 ③

**5** 정답 ②

look at 　~을 보다
picture 　사진
doctor 　의사

● 듣기실력쑥 정답 ④

**6** 정답 ③

wear 　착용하다, 입다
glasses 　안경

● 듣기실력쑥 정답 ①

## 듣기대본

**1**
W: Did you finish your homework?
B : Yes, I did.
W: Do you want something to eat?
B : No, thanks, Mom. Where's Dad?
W: He's in the garden. Why?
B : I want to go to the cinema with him.

**2**
B : What do you want for lunch?
G : Hmm… I want a cheese sandwich.
B : Then let's go to Jack's Sandwiches.
G : Okay. But my hands are so dirty.
B : Then go to the bathroom first.
G : Okay. Wait here.

**3**
W: Where are you going, Steve?
B : I'm going to the library, Mom.
W: You know your room is dirty.
B : Yes, I know. I can't clean it now, I'll do it tomorrow.
W: Okay. Keep your promise.

**4**
G : Today is my mother's birthday. She's fifty-five years old. She likes roses and lilies. I'm going to give her some flowers today.

**5**
B : What are you looking at?
G : I'm looking at a picture of my brother and sister.
B : Is she a doctor?
G : Yes, she is. And my brother is an English teacher.
B : Wow. You have a great sister and brother.

**6**
B : This is my grandmother. She's 68 years old. She has long hair. She always wears her glasses but she doesn't wear a necklace. She's a beautiful woman.

## 우리말 해석

**1**
여자: 너는 네 숙제를 다 끝냈니?
소년: 네, 다 했어요.
여자: 너 뭐 좀 먹을래?
소년: 아니, 괜찮아요, 엄마. 아빠는 어디에 계세요?
여자: 아빠는 정원에 계셔. 왜 그러니?
소년: 저는 아빠랑 영화관에 가고 싶어서요.

**2**
소년: 넌 점심으로 무엇을 원하니?
소녀: 음… 난 치즈 샌드위치를 원해.
소년: 그럼 Jack's 샌드위치 가게에 가자.
소녀: 알았어. 그런데 내 손이 너무 더러워.
소년: 그럼 넌 우선 화장실에 가.
소녀: 알았어. 여기서 기다려.

**3**
여자: 너 어디에 가니, Steve?
소년: 전 도서관에 가요, 엄마.
여자: 네 방이 더럽다는 거 넌 알고 있지.
소년: 네, 알고 있어요. 제가 지금은 청소를 할 수 없지만, 내일 할게요.
여자: 알았다. 네 약속을 지켜라.

**4**
소녀: 오늘은 엄마의 생신날이다. 그녀는 55세이시다. 그녀는 장미와 백합을 좋아하신다. 나는 오늘 그녀에게 꽃을 드릴 것이다.

**5**
소년: 넌 무엇을 보고 있니?
소녀: 난 내 오빠와 언니의 사진을 보고 있어.
소년: 그녀는 의사이니?
소녀: 응, 그래. 그리고 우리 오빠는 영어 선생님이야.
소년: 와. 넌 훌륭한 언니와 오빠를 가졌구나.

**6**
소년: 이분이 나의 할머니이시다. 그녀는 68세이다. 그녀는 긴 머리를 가졌다. 그녀는 항상 그녀의 안경을 착용하시지만, 목걸이는 착용하지 않는다. 그녀는 아름다운 여성이시다.

| 정답과 단어 | 듣기대본 | 우리말 해석 |
|---|---|---|

## 7 정답 ④

look tired  피곤해 보이다
movie  영화
How about you?
  넌 어때?
play a game
  게임하다

● 듣기실력쑥 정답 ②

G : Good morning, David.
B : Good morning, Gina. You <u>look</u> <u>tired</u>.
G : I watched a <u>movie</u> last night. How about you?
B : I played a new computer <u>game</u> with my brother.
G : How was it?
B : It was really <u>fun</u>.

소녀: 안녕, David.
소년: 안녕, Gina. 너 피곤해 보인다.
소녀: 난 어젯밤에 영화를 봤어. 넌 어때?
소년: 난 내 남동생이랑 새 컴퓨터 게임을 했어.
소녀: 그것은 어땠어?
소년: 그것은 정말로 재미있었어.

play a game ▶

## 8 정답 ③

go swimming
  수영하러 가다
lunch  점심

● 듣기실력쑥 정답 ③

G : It's really <u>hot</u> today.
B : Yes, it is.
G : Let's <u>go</u> <u>swimming</u> after <u>lunch</u>.
B : I'm sorry, but I can't go with you.
G : Why?
B : I have a <u>tennis</u> lesson.

소녀: 오늘 정말 덥다.
소년: 응, 그러네.
소녀: 점심 이후에 우리 수영하러 가자.
소년: 미안한데 난 너랑 함께 갈 수가 없어.
소녀: 왜?
소년: 난 테니스 강습이 있어.

## 9 정답 ③

England  영국
live with  ~와 함께 살다
listen to music
  음악을 듣다

● 듣기실력쑥 정답 ④

G : I'm from <u>England</u>. I'm 12 years old. I'm <u>living</u> with my parents and two <u>brothers</u>. I like listening to <u>music</u>. I want to be a <u>singer</u>.

소녀: 나는 영국 출신이야. 나는 12살이야. 나는 부모님과 두 명의 남동생과 함께 살고 있어. 나는 음악을 듣는 것을 좋아해. 나는 가수가 되고 싶어.

listen to music ▶

## 10 정답 ④

snowman  눈사람
cute  귀여운

● 듣기실력쑥 정답 ①

B : This is for you, Erin.
G : Thank you. What a <u>pretty</u> <u>card</u>!
B : Look at the <u>snowman</u>. Isn't it cute?
G : Yes, it is. I like this big <u>Christmas</u> tree, too. Thank you, Matt.
B : You're <u>welcome</u>.

소년: 이것은 널 위한 거야, Erin.
소녀: 고마워. 정말 예쁜 카드다!
소년: 눈사람을 봐봐. 그것은 귀엽지 않니?
소녀: 응, 그래. 난 이 커다란 크리스마스 트리도 좋아. 고마워, Matt.
소년: 별말씀을.

## 11 정답 ①

straight  똑바로, 곧장
at the corner
  모퉁이에서
between  ~사이에
department store
  백화점

● 듣기실력쑥 정답
straight / turn right/ your left

G : <u>Excuse</u> <u>me</u>, do you know where ACE Bank is?
M : Sure. Go straight and turn <u>left</u> at the corner.
G : You mean that first <u>corner</u>?
M : Yes. Then go straight. It's <u>between</u> the police station and the department store.
G : Thank you very much.

소녀: 실례합니다, 당신은 ACE 은행이 어디에 있는지 아시나요?
남자: 물론이죠. 앞으로 쭉 가다가 길 모퉁이에서 왼쪽으로 도세요.
소녀: 저기 첫 번째 모퉁이를 말씀하시는 건가요?
남자: 네. 그리고 나서 앞으로 쭉 가세요. 그것은 경찰서와 백화점 사이에 있습니다.
소녀: 정말 감사합니다.

## 12 정답 ②

get a cold  감기에 걸리다
take one's temperature
  ~의 체온을 재다
headache  두통
fever  열

● 듣기실력쑥 정답 ③

M : Is something <u>wrong</u> with you?
W : Yes. I think I've got a <u>cold</u>, Dr. Jones.
M : Okay. Let me take your temperature.
W : Okay. I have a <u>headache</u>, too.
M : I see. You have a <u>high</u> <u>fever</u>.

남자: 무엇이 잘못 되었나요? (어디가 불편하신가요?)
여자: 네. 제 생각에 전 감기에 걸린 거 같아요, Jones 선생님.
남자: 알겠습니다. 당신의 체온을 재볼게요.
여자: 알았어요. 전 또한 두통도 있어요.
남자: 그렇군요. 당신은 높은 열이 있어요.

◀ get a cold

## 13 정답 ③

How about ~ ?
　　～은 어때요?
Here you are.
　　여기 있어요.

● 듣기실력쑥 정답
1. 당신은 어때요?
2. 여기 있습니다.

① B : How are you today?
　 G : Good. How about you?
② B : Do you know him?
　 G : Yes. He's my friend.
③ B : Where's your car?
　 G : No, it's OK.
④ B : Can I use this?
　 G : Yes. Here you are.

① 소년: 오늘 기분이 어떠신가요?
　 소녀: 좋아요. 당신은 어때요?
② 소년: 당신은 그를 아세요?
　 소녀: 네, 그는 제 친구예요.
③ 소년: 당신의 차는 어디에 있습니까?
　 소녀: 아니요, 괜찮아요.
④ 소년: 제가 이것을 사용해도 될까요?
　 소녀: 네, 여기 있어요.

## 14 정답 ①

bus stop　버스 정류장
over there　저기에
next to　～옆에
miss　놓치다

① W: Excuse me, where is the bus stop?
　 M: It's over there, next to that building.
② W: Hey, is this your book?
　 M: Oh, thank you.
③ W: I like your hat.
　 M: Do you? Thank you.
④ W: You missed the bus.
　 M: Oh, no!

① 여자: 실례합니다. 버스 정류장이 어디에 있나요?
　 남자: 저기에요, 저 건물 옆이에요.
② 여자: 이봐요, 이것이 당신의 책인가요?
　 남자: 아, 감사합니다.
③ 여자: 전 당신의 모자가 좋아요.
　 남자: 그래요? 감사합니다.
④ 여자: 당신은 버스를 놓쳤어요.
　 남자: 아, 안돼!

## 15 정답 ②

put　놓다, 두다
Wait a second.
　　잠깐 기다려 주세요.
Here it is.　여기에 있습니다.

● 듣기실력쑥 정답 ②

B : Where did you put my book?
G : I put it on your desk.
B : On the desk? No, it's not there, Gina.
G : Really? Wait a second. Oh, it's in the basket.
B : Here it is. Thanks.

소년: 너 내 책을 어디에 뒀어?
소녀: 난 그것을 네 책상 위에 두었어.
소년: 책상 위에? 아니, 그것은 거기에 없어, Gina.
소녀: 정말? 잠깐만 기다려봐. 아, 그것은 바구니 안에 있어.
소년: 여기에 있어. 고마워.

## 16 정답 ④

mine　나의 것
eraser　지우개

● 듣기실력쑥 정답 ①

B : Can I use this pen, Nayoung?
G : It's not mine. It's Eugene's.
B : I see. Whose eraser is this? Is it yours or Eugene's?
G : It's Minsu's eraser.

소년: 내가 이 펜을 써도 될까, 나영아?
소녀: 그것은 내 것이 아니야. 그것은 유진이 것이야.
소년: 그렇구나. 이것은 누구의 지우개야? 이것은 네 것이야, 아님 유진이의 것이야?
소녀: 그것은 민수의 지우개야.

## 17 정답 ④

May I ~?　제가 ~해도 되겠습니까?
need　필요하다
of course　물론

● 듣기실력쑥 정답 ②

W: Excuse me, are you using this chair?
M: No, I'm not.
W: May I use it? I need one more chair.
M: _____

여자: 실례합니다, 당신은 이 의자를 사용하시나요?
남자: 아니요, 사용하지 않아요.
여자: 제가 사용해도 될까요? 전 의자 하나가 더 필요합니다.
남자: _____

① 네, 그렇게 하세요.
② 물론이죠, 당신이 사용하셔도 됩니다.
③ 물론이죠. 하나 가져가세요.
④ 천만에요.

## 18 정답 ②

each 각각
delicious 맛있는
anything else
    그 밖의 다른 것
expensive 비싼
so 아주, 너무
fresh 신선한

● 듣기실력쑥 정답 ④

W: How much are these apples?
M: They're one dollar each and very delicious.
W: Okay. I want five.
M: Sure. Do you need anything else?
W: **Do you have bananas?**

fresh ▶

여자: 이 사과들은 얼마인가요?
남자: 한 개당 1달러이고, 매우 **맛있어요.**
여자: 알았어요. 전 5개를 원해요.
남자: 물론이죠. 다른 거 더 필요하신 가요?
여자: **바나나는 있나요?**

① 당신은 무엇을 좋아하세요?
② 바나나는 있나요?
③ 그건 너무 비싼데요.
④ 그것들은 아주 신선하네요.

---

## 19 정답 ④

office 사무실
May I speak to ~?
    ~와 통화할 수 있
    을까요?
right now 지금
call 전화하다
later 나중에

(Telephone rings.)
W: Good morning, Mr. Kim's office.
M: Hello. May I speak to Mr. Kim?
W: I'm sorry, but he's not in the office right now.
M: **I'll call you later then.**

◀ office

(전화벨이 울린다.)
여자: 좋은 아침입니다. 김 선생님의 사무실입니다.
남자: 안녕하세요. 김 선생님과 **통화할 수 있을까요?**
여자: 죄송합니다만, 그는 지금 사무실에 안 계셔요.
남자: **전 그럼 나중에 전화할게요.**

① 당신은 괜찮나요?
② 그는 곧 여기에 올 거예요.
③ 그는 중국에 있어요.
④ 전 그럼 나중에 전화할게요.

---

## 20 정답 ②

hospital 병원
What's the matter?
    무슨 일이니?
cold 감기
interesting 흥미로운

● 듣기실력쑥 정답 ③

G : Hi, Ted! Where are you going?
B : I'm going to the hospital now.
G : What's the matter with you?
B : I've got a cold.
G : **That's too bad.**

hospital ▶

소녀: 안녕, Ted! 넌 어디에 가고 있니?
소년: 난 지금 **병원**에 가.
소녀: 너에게 무슨 일이 있니?
소년: 난 **감기**에 걸렸어.
소녀: **그거 참 안됐다.**

① 아니, 괜찮아.
② 그거 참 안됐다.
③ 만나서 반가워.
④ 그거 흥미롭다.

## step2 낱말받아쓰기 정답 본문 30쪽

| 학습<br>예정일 | / | 실제<br>학습일 | / | 부모님<br>확인란 | | 맞은<br>개수 | |
|---|---|---|---|---|---|---|---|

1 homework/ finish one's homework
숙제/ ~의 숙제를 마치다

▲ finish one's homework

2 promise/ keep one's promise
약속/ ~의 약속을 지키다

3 look/ look tired
보이다, 보다/ 피곤해 보이다

4 swim/ go swimming
수영하다/ 수영하러 가다

5 listen/ listen to music
듣다/ 음악을 듣다

6 welcome/ You're welcome.
환영하다/ 별말씀을요.

7 corner/ at the corner
모퉁이/ 모퉁이에서

8 wrong/ wrong number
잘못된/ 잘못 걸린 전화

9 cold/ catch a cold
감기/ 감기에 걸리다

▲ catch a cold

10 miss/ miss the chance
놓치다/ 기회를 놓치다

11 second/ Wait a second.
초/ 잠깐 기다려주세요.

12 better/ had better
더 좋은/ ~하는 것이 더 좋다

13 else/ anything else
그 밖의 다른/ 그 밖의 다른 어떤 것

14 now/ right now
지금/ 지금 당장

15 matter/ What's the matter?
문제/ 무슨 일이니?

## step3 통문장받아쓰기 정답 본문 31쪽

| 학습<br>예정일 | / | 실제<br>학습일 | / | 부모님<br>확인란 | | 맞은<br>개수 | |
|---|---|---|---|---|---|---|---|

1 A: Let's go swimming.
A: 수영 가자.
B: Okay.
B: 좋아.

2 A: I'll do it tomorrow.
A: 내일 할게요.
B: Okay. Keep your promise.
B: 좋아. 네 약속을 지키렴.

3 A: What are you looking at?
A: 무엇을 보고 있니?
B: I'm looking at a picture of friends.
B: 나는 친구들의 사진을 보고 있어.

4 A: You look tired.
A: 너 피곤해 보인다.
B: I watched a movie last night.
B: 나는 어젯밤에 영화를 봤어.

5 A: Let's go swimming.
A: 수영하러 가자.
B: I'm sorry, but I can't.
B: 미안하지만, 나는 못 가.

6 A: What is your hobby?
A: 너의 취미는 무엇이니?
B: I like listening to music.
B: 나는 음악 듣는 것을 좋아해.

7 A: This is for you, Erin.
A: 이것은 널 위한 거야, Erin.
B: Thank you. What a pretty card!
B: 고마워. 정말 예쁜 카드구나!

8 A: Is something wrong with you?
A: 무슨 일이 있니?
B: Yes. I've got a cold.
B: 응. 난 감기에 걸렸어.

9 A: Can you help me now?
A: 나 좀 지금 도와줄래?
B: Wait a second.
B: 잠깐만 기다려.

10 A: Whose eraser is this?
A: 이것은 누구의 지우개니?
B: I don't know.
B: 나도 몰라.

| 학습예정일 | 월 일 | 실제학습일 | 월 일 | 부모님확인란 | 점수 |
|---|---|---|---|---|---|

| 정답과 단어 | 듣기대본 | 우리말 해석 |
|---|---|---|

## 1 정답 ②

animal 동물
monkey 원숭이
play the piano/guitar
피아노/기타를 연주하다
interesting 재미있는

G : Look at this painting.
B : Do you like it?
G : Yes. I love the animals in it.
B : Is this monkey playing the piano?
G : Yes. And the snake is playing the guitar.
B : There are many interesting paintings here.

소녀: 이 그림을 봐.
소년: 너 그게 좋니?
소녀: 응. 그것 속의 동물들이 좋아.
소년: 이 원숭이가 피아노를 연주하고 있니?
소녀: 응. 그리고 뱀은 기타를 연주하고 있어.
소년: 여기 재미있는 그림들이 많다.

## 2 정답 ③

call 전화하다
clothing store 옷가게
birthday gift 생일 선물
baker 빵집
hurry up 서두르다
soon 곧

● 듣기실력쑥 정답 ②

(Cell phone rings.)
G : Hello, Tommy? Why did you call me?
B : Jenny, where are you?
G : At a clothing store. I'm buying Mom's birthday gift.
B : Did you buy her birthday cake?
G : No. I will go to the baker now.
B : Hurry up. She will come home soon.
G : OK. See you.

(휴대 전화가 울린다.)
소녀: 여보세요, Tommy? 왜 전화했었니?
소년: Jenny, 너 어디 있니?
소녀: 옷 가게야. 나는 엄마의 선물을 사고 있는 중이야.
소년: 너 그녀의 생신 케이크도 샀니?
소녀: 아니. 나는 지금 빵집에 갈 거야.
소년: 서둘러. 엄마가 곧 집에 오실 거야.
소녀: 좋아. 이따 보자.

## 3 정답 ③

May I help you?
도와드릴까요?
dollar 달러
too expensive
너무 비싼
toy car 장난감 자동차
cool 멋진

W: May I help you?
B : Yes. How much is this robot?
W: It is 20 dollars.
B : That's too expensive.
W: How about this toy car?
B : Oh, it looks cool. How much is it?
W: It is 14 dollars.
B : Good. I will take it.

여자: 내가 너를 도와줘도 되겠니?
소년: 네. 이 로봇 얼마예요?
여자: 그것은 20달러다.
소년: 그것은 너무 비싸요.
여자: 이 장난감 자동차는 어떠니?
소년: 오, 그것은 멋져 보여요. 그것은 얼마예요?
여자: 그것은 14달러야.
소년: 좋아요. 저는 그것을 살래요.

## 4 정답 ④

yesterday 어제
play with ~ ~와 놀다
dog 개
homework 숙제
sound ~하게 들리다
fun 재미있는

B : What did you do yesterday?
G : I went to Sonya's.
B : What did you do there?
G : We played with her dog. What about you?
B : I did my homework.
G: Oh, that doesn't sound fun.

소년: 너 어제 무엇을 했니?
소녀: 나는 Sonya의 집에 갔어.
소년: 거기서 너는 무엇을 했니?
소녀: 우리는 그녀의 개와 놀았어. 너는 어때?
소년: 나는 숙제를 했어.
소녀: 오, 그것은 재미있게 들리지 않는다.

## 5 정답 ③

clean 청소하다
wash the dishes
설거지하다

● 듣기실력쑥 정답 Because

B : My mom was sick yesterday. So my sister and I helped her. I cleaned the house. My sister washed the dishes. I was happy and proud. But now I don't feel well because I worked too hard.

소년: 우리 엄마가 어제 편찮으셨다. 그래서 내 여동생과 나는 그녀를 도왔다. 나는 집을 청소했다. 내 여동생은 설거지를 했다. 나는 행복하고 자랑스러웠다. 그러나 나는 너무 열심히 일을 해서 지금 아프다.

## 6 정답 ②

want to ~    ~하고 싶다
for dinner    저녁으로
together    함께
ate    먹었다
     (eat의 과거형)
spaghetti    스파게티

● 듣기실력쑥 정답 1. F, 2. F

G : Look at the menu. What do you want to eat for dinner, Minsu?
B : How about eating a pizza together?
G : No. I don't like pizza. I will eat a sandwich.
B : Oh, I ate a sandwich for lunch. I will eat spaghetti.

소녀: 메뉴를 봐. 너는 저녁으로 무엇을 먹기를 원하니, 민수야?
소년: 함께 피자를 먹는 게 어때?
소녀: 아니. 나는 피자가 싫어. 나는 샌드위치를 먹을 거야.
소년: 오, 나는 점심으로 샌드위치를 먹었어. 나는 스파게티를 먹을 거야.

---

## 7 정답 ③

draw    그리다
really    정말
look    (~하게) 보이다
hate    싫어하다
I can tell    그래 보인다

B : What did you draw?
G : I drew apples.
B : Really? They look strange.
G : I hate drawing. I can't draw well.
B : I can tell. Oh, our next class is math.
G : Good! I love math.

소년: 너는 무엇을 그렸니?
소녀: 나는 사과들을 그렸어.
소년: 정말? 그것들은 이상하게 보인다.
소녀: 나는 그리기가 싫어. 나는 잘 그릴 수 없어.
소년: 그렇게 보이네. 아, 우리 다음 수업은 수학이야.
소녀: 잘됐다! 나는 수학이 매우 좋아.

---

## 8 정답 ②

pull    당기다
rope    밧줄
move    옮기다
push    밀다

M: ① Pull the rope.
     ② Cut the paper.
     ③ Move the chair.
     ④ Push the button.

남자: ① 밧줄을 당기시오.
     ② 종이를 자르시오.
     ③ 의자를 옮기시오.
     ④ 버튼(단추)을 누르시오.

---

## 9 정답 ②

basketball    농구
stronger    더 힘이 센

● 듣기실력쑥 정답
1. Her bag is smaller than my bag.
2. Mina is taller than Minsu.

G : My best friend is Jenny. We like playing basketball together. She is taller than me. But she can't play basketball well. I am stronger than her. I can run faster than her. So I am a better basketball player.

소녀: 나의 가장 친한 친구는 Jenny입니다. 우리는 함께 농구하는 것을 좋아합니다. 그녀는 저보다 키가 더 큽니다. 그러나 그녀는 농구를 잘하지 못합니다. 저는 그녀보다 더 강합니다. 저는 그녀보다 더 빠르게 달릴 수 있습니다. 그래서 제가 더 좋은 농구선수입니다.

---

## 10 정답 ②

Cheer up.    기운내세요.
careful    조심하는
dangerous    위험한

M: ① Please help me.
     ② Cheer up. You can do it.
     ③ I'm sorry. She is not here.
     ④ Be careful! It is dangerous.

남자: ① 나를 제발 도와줘.
     ② 힘내. 너는 그것을 할 수 있어.
     ③ 미안해. 그녀는 여기 없어.
     ④ 조심해! 그것은 위험해.

---

## 11 정답 ①

ma'am    부인 (여성의 존칭)
show    보여주다
ticket    표
here it is    여기 있다
headache    두통
get some rest    쉬다

① B : Sit here, ma'am.
    W: How kind you are!
② B : Show me your ticket.
    W: Here it is.
③ B : You are very tall.
    W: You are taller than me.
④ B : I have a headache.
    W: Get some rest.

① 소년: 부인, 여기 앉으세요.
    여자: 너는 무척 친절하구나!
② 소년: 당신의 표를 저에게 보여주세요.
    여자: 여기 있다.
③ 소년: 당신은 무척 키가 크군요.
    여자: 네가 나보다 더 크다.
④ 소년: 저는 두통이 있어요.
    여자: 좀 쉬어라.

## 12 정답 ④

soccer game
　　　축구 경기
stadium　경기장
on TV　텔레비전에서
have fun　재미있게 보내다

● 듣기실력쑥 정답 ②

B : Did you watch the soccer game yesterday?
G : Yes. It was great.
B : I watched the game at the stadium with my father.
G : Really? I watched it on TV. How was the stadium?
B : It was big. I had so much fun there.
G : I want to watch soccer at the stadium, too.

소년: 너 어제 **축구** 경기 봤니?
소녀: 응. 그것은 대단했어.
소년: 나는 경기를 아버지와 **경기장**에서 봤어.
소녀: 정말? 나는 그것을 TV에서 봤어. 경기장은 어땠니?
소년: 그것은 컸어. 나는 거기에서 무척 즐거웠어.
소녀: 나도 경기장에서 축구를 보고 싶다.

◀ stadium

## 13 정답 ③

snowman　눈사람
cap　야구모자
nose　코
carrot　당근
wear　입다, 끼다
cute　귀여운

● 듣기실력쑥 정답
　How. cute

G : Look! I made a snowman.
B : There are many snowmen. Where is yours?
G : Mine is wearing a cap.
B : Does it have a nose?
G : Yes. I made the nose with a carrot.
B : Is it wearing gloves?
G : No, it isn't.
B : Oh, I found your snowman. It is cute.

소녀: 봐! 내가 눈사람을 **만들었어**.
소년: 눈사람이 많이 있는데. 네 것은 어디에 있니?
소녀: 내 것은 **야구모자**를 쓰고 있어.
소년: 그것은 코를 가지고 있니?
소녀: 응. 나는 **당근**으로 코를 만들었어.
소년: 그것은 **장갑**을 끼고 있니?
소녀: 아니, 그렇지 않아.
소년: 오, 나는 네 눈사람을 **찾았어**. 그것은 귀엽구나.

## 14 정답 ①

information desk
　　　안내 데스크
welcome to ~
　　　~에 온 것을 환영
　　　합니다
zoo　동물원
How may I help you?
　　　어떻게 도와드릴
　　　까요?
elephant　코끼리

● 듣기실력쑥 정답 ③

B : Excuse me. Is this the information desk?
W: Yes. Welcome to the zoo. How may I help you?
B : Where are the elephants?
W: Go straight and turn left at the corner.
B : Go straight and turn left at the corner?
W: Yes. You will see the elephants on your right.
B : Thank you.

소년: 실례합니다. 이것이 안내 데스크인가요?
여자: 네. **동물원**에 오신 것을 환영합니다. 어떻게 도와드릴까요?
소년: **코끼리들**이 어디 있나요?
여자: **쭉** 가셔서 모퉁이에서 왼쪽으로 도세요.
소년: 직진해서 모퉁이에서 **왼쪽**으로 돈다고요?
여자: 네. 당신은 당신의 **오른쪽**에서 코끼리들을 볼 것입니다.
소년: 감사합니다.

## 15 정답 ②

library　도서관
open　열린, 열다
on Sunday　일요일에
see a movie　영화를 보다
every day　매일
close　닫힌, 닫다
tomorrow　내일

B : Judy. Let's go to the library.
G : It is Sunday. Is the library open today?
B : Yes. We can see a movie there on Sunday.
G : Cool. Is it open every day?
B : No. It closes on Monday.
G : It closes tomorrow?
B : Right.

소년: Judy. 도서관에 **가자**.
소녀: 오늘은 일요일이야. 오늘 도서관 문 **여니**?
소년: 응. 우리는 일요일에 거기서 **영화를 볼** 수 있어.
소녀: 좋다. 그것은 매일 여니?
소년: 아니. 그것은 **월요일에** 문을 닫아.
소녀: 그것은 내일 문을 닫는구나?
소년: 맞아.

## 16 정답 ④

help　돕다
sure　물론
problem　문제
go on a trip　여행을 가다
wonderful　멋진
watch TV　TV를 시청하다
whose　누구의
turn　차례, 돌리다

① G: Will you help me?
　 B: Sure. What's the problem?
② G: I will go on a trip.
　 B: Sounds wonderful.
③ G: Does your mother work?
　 B: Yes, she does.
④ G : Whose turn is it?
　 B: Turn off the TV, please.

go on a trip ▶

① 소녀: 나를 도와줄래?
　 소년: 물론이지. 문제가 무엇이니?
② 소녀: 나는 여행 **갈 거야**.
　 소년: 멋지게 들린다.
③ 소녀: 너희 어머니 일하시니?
　 소년: 응, 그녀는 일하셔.
④ 소녀: **누구 차례니**?
　 소년: TV 좀 꺼줄래?

| 정답과 단어 | 듣기대본 | 우리말 해석 |
|---|---|---|

## 17 정답 ③

buy 사다
new 새, 새로운
reading 독서, 책 읽기
hobby 취미
often 자주
watch a movie
영화를 보다
play the violin
바이올린을 연주
하다

● 듣기실력쑥 정답 ④

G : You look happy. Why?
B : I will buy a new book today.
G : Do you like reading?
B : Yes. It is my hobby.
G : I don't like reading much.
B : What is your hobby?
G : _____

소녀: 너는 **행복해 보인다**. 왜 그러니?
소년: 나는 오늘 새 책을 살 거야.
소녀: 너 독서 좋아하니?
소년: 응. 그것은 나의 **취미**야.
소녀: 나는 독서 별로 **좋아하지** 않아.
소년: 네 취미는 무엇이니?
소녀: _____

① 나는 종종 음악을 들어.
② 나는 영화보는 것을 정말 좋아해.
③ 나는 책을 많이 가지고 있지 않아.
④ 내 취미는 바이올린 연주야.

## 18 정답 ①

let's ~ ~하자
talk 말하다
about ~에 대해서
show 쇼
how about ~
~는 어떻습니까?
use 이용하다
cell phone 휴대전화

● 듣기실력쑥 정답 ③

B : Let's talk more about our show.
G : We will sing. And we need some music.
B : Can you play the piano or the guitar?
G : No. How about using a cell phone?
B : Good. We can download music we need.
G : Can we use your cell phone?
B : **Of course.**

소년: 우리 쇼에 대해서 더 이야기해 보자.
소녀: 우리는 **노래를 부를** 거야. 그리고 우리는 음악이 필요해.
소년: 너는 피아노나 기타를 **연주할** 수 있니?
소녀: 아니. 휴대 전화를 쓰는 건 **어때**?
소년: 좋아. 우리는 우리가 필요한 음악을 다운로드 받을 수 있겠다.
소녀: 우리가 너의 휴대 전화를 써도 되니?
소년: **물론이지.**

① 물론이지.
② 나는 음악을 무척 좋아해.
③ 그거 안됐다.
④ 정말 고마워.

## 19 정답 ②

concert 콘서트, 연주회
ticket 표
join 함께 하다
would love to
~하고 싶다
visit 방문하다
grandma's 할머니 댁
every Sunday
일요일마다
this month 이번 달

● 듣기실력쑥 정답 ④

B : Betty, I have two concert tickets. Do you want to join me?
G : I'd love to. When is it?
B : It's seven o'clock this Sunday.
G : I'm sorry. I have to visit my grandma's every Sunday this month.
B : **I see. That's OK.**

소년: Betty, 나는 콘서트 표 두 장이 있어. 너는 나랑 같이 가기를 원하니?
소녀: 나 그러고 싶어. 그것이 언제니?
소년: 이번 주 일요일 7시야.
소녀: 미안해. 나는 이번 달 매주 일요일마다 우리 할머니 댁을 **방문해야**해.
소년: **알겠어. 괜찮아.**

① 그거 좋구나.
② 알겠어. 괜찮아.
③ 별말씀을.
④ 너는 정말 친절하구나.

## 20 정답 ①

lesson 수업, 레슨
finish 끝나다
rain 비가 오다
outside 밖에
umbrella 우산
share 나누어 쓰다
mine 나의 것

● 듣기실력쑥 정답
1. sunny/ hot
2. raining/ rainy

G : The lesson finished early. I am happy.
B : Me, too. Let's go back home.
G : Wow, it is raining outside.
B : Oh, I don't have an umbrella.
G : Do you want to share mine?
B : **Sure. Thanks.**

◀ umbrella

소녀: 수업이 일찍 **끝났다**. 나는 행복해.
소년: 나도. 집으로 돌아가자.
소녀: 와, 밖에 비가 오고 있어.
소년: 오, 나는 우산이 없어.
소녀: 내 것 같이 쓸래?
소년: **그럼. 고마워.**

① 그럼. 고마워.
② 조심해.
③ 아니, 그렇지않아.
④ 마음껏 먹어.

## step2 낱말받아쓰기 정답 본문 42쪽   복습합시다!

| 학습<br>예정일 | / | 실제<br>학습일 | / | 부모님<br>확인란 | | 맞은<br>개수 | |
|---|---|---|---|---|---|---|---|

1 help/ help out
돕다/ 도와주다

2 much/ How much is ~?
(셀 수 없는 명사) 많은/ ~가 얼마인가요?

3 take/ take out
가져가다/ 제거하다

4 sound/ Sounds interesting.
들리다/ 재미있게 들린다

5 dish/ wash the dishes
그릇/ 설거지하다

6 dinner/ for dinner
저녁/ 저녁으로

7 good/ good for you
좋은/ 당신에게 좋다

8 button/ button up
단추/ 단추를 채우다

9 basketball/ play basketball
농구/ 농구를 하다

basketball ▶

10 careful/ be careful
조심하는/ 조심하다

11 rest/ get some rest
휴식/ 쉬다, 휴식을 취하다

rest ▶

12 straight/ go straight
곧장/ 곧장 가다

13 right/ on your right
오른쪽/ 당신의 오른쪽에서

14 movie/ see a movie
영화/ 영화를 보다

15 trip/ go on a trip
여행/ 여행을 가다

## step3 통문장받아쓰기 정답 본문 43쪽   복습합시다!

| 학습<br>예정일 | / | 실제<br>학습일 | / | 부모님<br>확인란 | | 맞은<br>개수 | |
|---|---|---|---|---|---|---|---|

1 A: Look at this painting.
A: 이 그림을 좀 봐.

B: How beautiful it is!
B: 그것은 정말 아름답구나!

2 A: Please wait for me.
A: 나 좀 기다려줘.

B: Hurry up.
B: 서둘러.

3 A: How much is it?
A: 이것은 얼마인가요?

B: It is 20 dollars.
B: 그것은 20달러 입니다.

4 A: I played with her dog.
A: 나는 그녀의 개와 놀았어

B: That sounds fun.
B: 그것 재미있게 들린다

5 A: I have a headache.
A: 나는 머리가 아파.

B: Get some rest.
B: 좀 쉬어.

6 A: Where is the bookstore?
A: 서점이 어디에 있나요?

B: Go straight and turn left.
B: 쭉 가서 왼쪽으로 도세요.

7 A: Let's go to the library.
A: 도서관에 가자.

B: Okay.
B: 좋아.

8 A: Can you help me?
A: 나를 도와줄 수 있어?

B: Of course.
B: 물론이지.

9 A: Do you want to join me?
A: 나랑 같이 할래?

B: I'd love to.
B: 그러고 싶어.

10 A: The school finished.
A: 학교가 끝났다.

B: Let's go back home.
B: 집에 가자.

| 정답과 단어 | 듣기대본 | 우리말 해석 |

## 1 정답 ②

plan 계획
go swimming
　　　　수영하러 가다
go on a picnic
　　　　소풍을 가다

● 듣기실력쑥 정답 ④

B : Hi, Sumi. What are you doing tomorrow?
G : I don't have any plans.
B : Great. Do you want to go swimming with me?
G : I'm sorry, but I can't swim.
B : Then how about going on a picnic?
G : Okay. Let's have a picnic in the park.

소년: 안녕, 수미야. 내일 뭐 할거니?
소녀: 아무런 계획이 없어.
소년: 잘됐다. 나와 수영하러 갈래?
소녀: 미안하지만 나는 수영을 못해.
소년: 그러면 소풍을 가는 건 어때?
소녀: 그래. 공원에 소풍을 가자.

## 2 정답 ②

wait for ～을 기다리다
quiet 조용한
well done 잘했다
Excellent job!
　　　훌륭해! 잘했어!
wrong 잘못된
terrible 끔찍한
stomachache
　　　복통

● 듣기실력쑥 정답 quiet

①M: Your friends are waiting for you outside.
　G : That's great!
②M: Can you be quiet, please?
　G : Okay. I'm sorry, sir.
③M: Well done on your homework. Excellent job!
　G : Thank you very much.
④M: What's wrong? You look sick.
　G : I have a terrible stomachache.

① 남자: 너의 친구들이 밖에서 너를 기다리고 있어.
　소녀: 그것 잘됐네요!
② 남자: 너 조용히 해주겠니?
　소녀: 네. 죄송합니다, 선생님.
③ 남자: 숙제를 잘 했구나. 훌륭해!
　소녀: 정말 감사합니다.
④ 남자: 무슨 일이니? 너 아파 보인다.
　소녀: 배가 많이 아파요.

◀ well done

stomachache ▶

## 3 정답 ①

be going to ～할 예정이다
weekend 주말
special 특별한
ride a horse 말을 타다
for the first time
　　　처음으로
exciting 재미있는, 흥미진진한

● 듣기실력쑥 정답 ④

B : Jenny, what are you going to do on the weekend?
G : I'm going to my friend's birthday party. How about you?
B : I will do something very special this weekend.
G : What?
B : I will ride a horse for the first time in my life.
G : Really? That sounds exciting!

소년: Jenny, 너 주말에 무엇을 할 예정이니?
소녀: 난 친구의 생일 파티에 갈 거야. 너는?
소년: 난 이번 주말에 아주 특별한 일을 할 거야.
소녀: 그게 뭔데?
소년: 난 태어나서 처음으로 말을 탈 거야.
소녀: 정말? 재미있겠다!

## 4 정답 ①

take a picture
　　　사진을 찍다
wonderful 훌륭한, 멋진
most 가장
park 공원

● 듣기실력쑥 정답 ④

G : Look. I took a picture yesterday.
B : Wow. It's wonderful.
G : I like the flowers most.
B : They're pretty. And there are many birds.
G : Yes. It was a beautiful park.
B : I'm sure you had a great time there.

소녀: 봐. 내가 어제 사진을 찍었어.
소년: 우와. 멋지다.
소녀: 난 꽃들이 가장 마음에 들어.
소년: 그것들이 예쁘구나. 그리고 새들이 많이 있네.
소녀: 응. 그곳은 아름다운 공원이었어.
소년: 넌 거기서 분명 좋은 시간을 보냈겠구나.

◀ take a picture

| 정답과 단어 | 듣기대본 | 우리말 해석 |
|---|---|---|

## 5 정답 ①

go out 외출하다, 나가다
cell phone 휴대전화
forget 잊어버리다
next to ~옆에
flower vase 꽃병

● 듣기실력쑥 정답 ①

G : Dad, I'm going out to meet a friend.
M : Okay. Take your cell phone with you.
G : Sure. But I forgot where I put it.
M : It's on the table.
G : On the table? No, it's not there.
M : I'm sorry. I put it next to the flower vase.
G : I found it. Thanks, Dad.

소녀: 아빠, 저 친구 만나러 **외출**할 거예요.
남자: 그래. 너의 휴대전화를 가져가렴.
소녀: 네. 그런데 제가 그걸 어디에 뒀는지 잊어버렸어요.
남자: 그건 **탁자** 위에 있단다.
소녀: **탁자** 위에요? 아니요, 거기에 없는데요.
남자: 미안하구나. 내가 그것을 꽃**병** 옆에 두었어.
소녀: 찾았어요. 고맙습니다, 아빠.

---

## 6 정답 ③

only 밖에, 오직
minute 분
inside 안으로, 안쪽에

● 듣기실력쑥 정답 ①

B : I am so excited to see this show.
G : Me too. When does the show start?
B : At six o'clock. Oops, we only have ten minutes. Let's go.
G : Can I take this sandwich inside?

소년: 나는 이 쇼를 보게 돼서 매우 **신나**.
소녀: 나도. 이 쇼 언제 **시작하지**?
소년: 여섯 시에. 이런, 우린 10분 밖에 없어. 가자.
소녀: 이 샌드위치 **안으로** 들고 갈 수 있어?

---

## 7 정답 ①

get 가져오다
thirsty 목이 마른
excited 신이 난
go climbing 등산하러 가다
mountain 산

● 듣기실력쑥 정답 ②

B : Are you ready to go?
G : I think so. Oh! I forgot water.
B : We will get thirsty. Get some water and where's your hat?
G : It's in my bag. I'm so excited to go climbing.
B : Me too, I love mountains.

소년: 갈 준비 되었니?
소녀: 그런 것 같아. 아! 나 물을 잊었네.
소년: 우리는 **목 마를** 거야. 물을 챙겨 그리고 너의 모자는 어디 있니?
소녀: 그것은 내 가방에 있어. 난 **등산**을 가게 되어 정말 신이 나.
소년: 나도 그래. 난 **산**을 아주 좋아하거든.

---

## 8 정답 ④

birthday 생일
Saturday 토요일
amusement park 놀이공원
join 함께하다
have to ~해야 한다

● 듣기실력쑥 정답 ②

G : Hi, Subin. You know it's my birthday on Saturday.
B : Yes. Happy birthday, Jumi.
G : Thanks. I'm going to the amusement park with friends. Can you join us?
B : Sorry, I can't.
G : Why?
B : I'm going to my grandmother's house.

소녀: 안녕, 수빈아. 토요일에 내 **생일**인 것 알지.
소년: 응. **생일** 축하해, 주미야.
소녀: 고마워. 나 친구들이랑 놀이공원에 갈 예정이야. **우리와 함께** 갈 수 있니?
소년: 미안하지만 그럴 수 없어.
소녀: 왜?
소년: 난 **할머니** 댁에 갈 예정이거든.

---

## 9 정답 ②

present 선물
late 늦은, 늦게
because ~이기 때문에
soccer 축구
hate 싫어하다

● 듣기실력쑥 정답
  Why. Because

① G : Thank you for the present.
   B : No, I'm not. I'm a student.
② G : Why are you late?
   B : Because I got up late.
③ G : I like playing soccer.
   B : Me, too. I hate playing sports.
④ G : Where are you going?
   B : I'm going there at three o'clock.

① 소녀: **선물** 고마워.
   소년: 아니, 난 그렇지 않아. 난 학생이야.
② 소녀: 너 **왜** 늦었니?
   소년: 늦게 일어났기 **때문이야**.
③ 소녀: 나는 **축구** 하는 것을 좋아해.
   소년: 나도 그래. 나는 운동하는 것을 싫어해.
④ 소녀: 너 **어디** 가니?
   소년: 난 거기에 세 시에 갈 거야.

---

## 10 정답 ②

post office 우체국
go straight 직진하다
hospital 병원
between ~사이에
museum 박물관

● 듣기실력쑥 정답 ②-④-①-③

G : Excuse me, where is the post office?
B : Go straight and turn right at the hospital.
G : Turn right at the hospital?
B : Yes. Then you'll see it on your left.
G : I see.
B : It's between the school and the museum.
G : Okay. Thank you very much.

소녀: 실례합니다만, 우체국이 **어디에** 있나요?
소년: **직진**한 후 병원에서 오른쪽으로 도세요.
소녀: 병원에서 오른쪽으로 돌아요?
소년: 네. 그러면 **왼쪽**에 보일 거예요.
소녀: 그렇군요.
소년: 그건 학교와 박물관 **사이**에 있어요.
소녀: 네. 정말 고마워요.

## 11 정답 ②

be ready for ~에 준비가 되다
tomorrow 내일
excited 신이 난
go on a trip 여행을 가다

● 듣기실력쑥 정답 ①

G : John, are you ready for tomorrow?
B : Yes. I'm so excited to go on a trip.
G : Me too, I like trips. Is Jina coming, too?
B : No, she has a swimming lesson tomorrow.
G : I see. Let's meet in the park at nine o'clock.
B : Okay. I'll see you in the park.

소녀: John, 너 내일 준비 됐니?
소년: 응. 난 여행을 가게 되어 매우 신이 나.
소녀: 나도 그래. 난 여행을 좋아해. 지나도 오니?
소년: 아니. 그 아이는 내일 수영 수업이 있어.
소녀: 그렇구나. 공원에서 9시에 만나자.
소년: 그래. 공원에서 보자.

---

## 12 정답 ③

This is ~ (전화상에서) ~입니다
math 수학
basketball 농구
be going to ~할 것이다
on Fridays 금요일마다
Thursday 목요일
today 오늘

● 듣기실력쑥 정답 목요일

(Telephone rings.)
B : Hello.
G : Hi, Jimin. This is Minji. What are you doing?
B : Hi, Minji. I'm studying math.
G : Aren't you going to play basketball?
B : No, that's tomorrow. I play basketball on Fridays.
G : Oh, it's Thursday today.
B : Yes, it is.

(전화벨이 울린다.)
소년: 여보세요.
소녀: 안녕, 지민아. 나 민지야. 너 뭐하고 있니?
소년: 안녕, 민지야. 난 수학 공부를 하고 있어.
소녀: 너 농구하러 안 갈 거니?
소년: 응, 그건 내일이야. 난 금요일마다 농구를 해.
소녀: 아, 오늘이 목요일이구나.
소년: 응, 그래.

---

## 13 정답 ③

baseball cap 야구모자
scarf 목도리, 스카프
glove 장갑

● 듣기실력쑥 정답 ②

B : Mina, this baseball cap is cool. Whose is it?
G : It's John's. But the scarf next to it is mine.
B : How about this bag?
G : It's my sister, Mijin's.
B : Are these gloves Mijin's, too?
G : No, they are John's.

소년: 미나야, 이 야구모자 멋지다. 이거 누구 거니?
소녀: 그건 John의 것이야. 하지만 그 옆에 있는 목도리는 내 거야.
소년: 이 가방은?
소녀: 그것은 내 여동생, 미진이의 것이야.
소년: 이 장갑도 미진의 것이니?
소녀: 아니, 그건 John의 것이야.

---

## 14 정답 ③

lost 잃어버렸다 (lose의 과거형)
wallet 지갑
need to ~할 필요가 있다
look for ~을 찾다

● 듣기실력쑥 정답 ④

G : Jake, can you do something for me?
B : Sure. What is it?
G : Can you return these books to the library?
B : No problem.
G : Thank you. I lost my wallet so I need to look for it.
B : That's too bad. I hope you find your wallet.

소녀: Jake, 날 위해 무언가를 해줄 수 있겠니?
소년: 물론이지. 뭔데?
소녀: 이 책들을 도서관에 돌려줄 수 있어?
소년: 문제없어.
소녀: 고마워. 난 지갑을 잃어버려서 그걸 찾아봐야 해.
소년: 그것 안됐구나. 너의 지갑을 찾기를 바라.

---

## 15 정답 ②

little sister 여동생
glasses 안경
skirt 치마
shape 모양

B : My little sister is cute. She has long hair and she wears glasses. Today, she is wearing a short skirt. There are star shapes on her skirt. I like my little sister very much.

소년: 나의 여동생은 귀엽다. 그녀는 머리가 길고 안경을 쓴다. 오늘, 그녀는 짧은 치마를 입고 있다. 그녀의 치마에는 별 무늬가 있다. 나는 나의 여동생이 매우 좋다.

---

## 16 정답 ④

swimming pool 수영장
Tuesday 화요일
must ~해야 한다
tell 말하다
about ~에 대해서
call 전화하다

● 듣기실력쑥 정답 ①

B : Are we going to the swimming pool on Tuesday?
G : Yes. Let's meet there at 10 o'clock.
B : I don't know where it is. Can we meet at school first?
G : Of course. Let's meet at 9:30 there. Oh, we must tell Becky about the change.
B : I will call her now.

소년: 우리 화요일에 수영장에 가는 거야?
소녀: 응. 거기서 10시에 만나자.
소년: 난 거기가 어딘지 몰라. 우리 학교에서 먼저 만나도 될까?
소녀: 물론이지. 9시 30분에 거기에서 보자. 아, 우리는 Becky에게 변경에 대해 말해줘야 해.
소년: 내가 그녀에게 지금 전화할게.

## 17 정답 ③

| | |
|---|---|
| can't | ~할 수 없다 (= cannot) |
| club meeting | 동아리 모임 |
| sick | 아픈 |
| get well | (병이) 낫다 |
| rest | 휴식 |
| stay in bed | 침대에 머물다 |
| hear | 듣다 |

● 듣기실력쑥 정답
sick [ill/ not well]

G : I'm sorry but I can't come to the club meeting today.
B : That's okay. But why can't you come?
G : Because I'm sick.
B : _____

소녀: 미안하지만 나 오늘 동아리 모임에 갈 수 없어.
소년: 괜찮아. 그런데 왜 못 와?
소녀: 왜냐하면 내가 아프거든.
소년: _____

① 빨리 낫길 바라.
② 좀 쉬어.
③ 그래서 나는 침대에 머물렀어.
④ 그걸 들어서 유감이야.

---

## 18 정답 ④

| | |
|---|---|
| This is ~ | (전화상에서) ~입니다 |
| May I ~? | ~해도 될까요? (허락을 구하는 표현) |
| I'm afraid | 유감스럽지만, 미안하지만 |
| be at home | 집에 있다 |
| leave | 남기다 |
| message | 메시지, 알림 |

● 듣기실력쑥 정답
1. May I speak to Jinsu
2. Will you leave a message

(Telephone rings.)
B : Hello?
G : Hello. This is Sarah.
B : Hi, Sarah. How are you?
G : I'm great, thank you. May I speak to Jinsu, please?
B : I'm afraid he's not at home. Would you like to leave a message?
G : It's okay. I'll call again later.

(전화벨이 울린다.)
소년: 여보세요?
소녀: 여보세요, 나 Sarah야.
소년: 안녕, Sarah. 잘 지내니?
소녀: 아주 좋아, 고마워. 나 진수와 통화할 수 있을까?
소년: 미안하지만 그 아이는 집에 없어. 메시지를 남길래?
소녀: 괜찮아. 내가 나중에 다시 걸게.

① 제발 두려워하지마.
② 응, 내가 메시지를 받을게.
③ 아니, 괜찮아. 안녕 진수야.
④ 괜찮아. 내가 나중에 다시 걸게.

---

## 19 정답 ④

| | |
|---|---|
| name | 이름 |
| be from | ~출신이다 |
| Korea | 한국 |
| the United States | 미국 |
| too | ~도, ~또한 |
| Canada | 캐나다 |
| same | 같은 |
| country | 나라, 국가 |

● 듣기실력쑥 정답 ③

B : Hi, I'm James. What's your name?
G : Hi, James. My name is Hannah and I'm from Korea. Where are you from?
B : I'm from the United States. And that boy is my friend David.
G : Is he from the United States, too?
B : Yes, we're from the same country.

소년: 안녕, 난 James야. 너의 이름은 뭐니?
소녀: 안녕, James. 내 이름은 Hannah이고 난 한국 사람이야. 넌 어디 출신이니?
소년: 나는 미국 사람이야. 그리고 저 남자 아이는 내 친구 David야.
소녀: 그도 미국 사람이니?
소년: 응, 우리는 같은 나라 출신이야.

① 응, 그는 캐나다 출신이야.
② 아니, 그의 이름은 James야.
③ 확실하지 않아. 나는 그를 몰라.
④ 응, 우리는 같은 나라 출신이야.

---

## 20 정답 ①

| | |
|---|---|
| cold | 추운 |
| close | 닫다 |
| window | 창문 |
| smell | 냄새가 나다 |
| food | 음식 |
| lunch | 점심식사 |
| minute | 분 |

● 듣기실력쑥 정답 ②

G : It's cold in here. Can you close the window?
B : Okay. But doesn't it smell?
G : Yes, it smells of food. Did you have lunch here?
B : Yes. Can I close the window in five minutes?
G : No, I'm too cold.

소녀: 여기 춥다. 창문 좀 닫아줄래?
소년: 그래. 하지만 냄새가 나지 않니?
소녀: 그래, 음식 냄새가 난다. 여기서 점심 먹었어?
소년: 응. 5분 있다가 창문 닫아도 될까?
소녀: 아니, 난 너무 추워.

① 아니, 난 너무 추워.
② 아니, 그렇게 빨리 먹지 마.
③ 응, 내가 창문을 닫았어.
④ 응, 5분 뒤에 점심을 먹자.

## step2 낱말받아쓰기 정답 본문 54쪽

복습합시다!

| 학습<br>예정일 | / | 실제<br>학습일 | / | 부모님<br>확인란 | | 맞은<br>개수 | |

1 picnic/ go on a picnic
소풍/ 소풍을 가다

2 quiet/ be quiet
조용한/ 조용히 하다

3 weekend/ on the weekend
주말/ 주말에

4 picture/ take a picture
사진/ 사진을 찍다

5 climb/ go climbing
오르다/ 등산하러 가다

6 get/ get up
얻다/ 일어나다

7 between/ between A and B
~사이에/ A와 B사이에

8 ready/ be ready for
준비된/ ~에 준비가 되다

9 next/ next to
다음의/ ~의 옆에

10 need/ need to
필요하다/ ~할 필요가 있다

11 problem/ No problem.
문제/ 문제없어.

12 lose/ lose one's way
잃어버리다/ 길을 잃다

13 look/ look for
보다/ ~을 찾다

14 afraid/ I'm afraid ~
두려운/ 유감스럽게도~

15 from/ be from
~에서/ ~출신이다

## step3 통문장받아쓰기 정답 본문 55쪽

복습합시다!

| 학습<br>예정일 | / | 실제<br>학습일 | / | 부모님<br>확인란 | | 맞은<br>개수 | |

1 A: What are you doing tomorrow?
A: 너 내일 뭐하니?
B: I don't have any plans.
B: 아무 계획이 없어.

2 A: What's wrong?
A: 무슨 일이야?
B: I have a stomachache.
B: 나 배가 아파.

3 A: I took a picture yesterday.
A: 나 어제 사진을 찍었어.
B: Wow. It's wonderful.
B: 와. 멋지다.

4 A: I'm going out to meet a friend.
A: 저 친구 만나러 외출해요.
B: Okay. Have fun.
B: 알았다. 재미있게 보내렴.

5 A: Why are you late?
A: 너 왜 늦었니?
B: Because I got up late.
B: 내가 늦게 일어났기 때문이야.

6 A: Where is the post office?
A: 우체국은 어디 있나요?
B: It's between the school and the museum.
B: 그것은 학교와 박물관 사이에 있어요.

7 A: Are you ready for tomorrow?
A: 내일을 위한 준비가 되었니?
B: Yes. I'm so excited.
B: 네. 저는 매우 흥분돼요.

8 A: Whose is it?
A: 그것은 누구의 것이니?
B: It's John's.
B: 그것은 John의 것이야.

9 A: Why can't you come?
A: 너는 왜 못 오니?
B: Because I'm sick.
B: 왜냐하면 나는 아프거든.

10 A: Where are you from?
A: 너는 어디에서 왔니?
B: I'm from the United States.
B: 나는 미국에서 왔어.

## 정답과 단어 | 듣기대본 | 우리말 해석

### 1 정답 ③

speak 말하다
play tennis 테니스를 치다
together 함께
idea 생각, 아이디어
present 선물

①G : May I speak to Jinho, please?
　B : Speaking.
②G : How much is this hat?
　B : It's 20 dollars.
③G : Why don't we play tennis together?
　B : That's a good idea.
④G : Thank you for the present.
　B : You're welcome.

① 소녀: 진호와 통화할 수 있을까요?
　소년: 전데요.
② 소녀: 이 모자는 얼마입니까?
　소년: 그건 20 달러예요.
③ 소녀: 우리 함께 테니스 치는 게 어때?
　소년: 그거 좋은 생각이다.
④ 소녀: 선물 고마워.
　소년: 천만에.

### 2 정답 ①

finish 끝내다
be going to ~할 것이다
too 너무
stay home 집에 있다

● 듣기실력쑥 정답 ①

M : Susie, did you do your homework?
G : Yes, Dad. I finished my math homework.
M : Okay. What are you going to do now?
G : I want to go to the library. Can I go?
M : It's too late. The library is closed.
G : Then I'll stay home and watch TV.

남자: Susie, 너의 숙제를 했니?
소녀: 네, 아빠. 저의 수학 숙제를 끝냈어요.
남자: 그래. 이제 뭐 할 거니?
소녀: 도서관에 가고 싶어요. 가도 되나요?
남자: 너무 늦었어. 도서관은 문을 닫았단다.
소녀: 그러면 집에서 TV 볼게요.

### 3 정답 ②

last 지난
visit ~을 방문하다
soccer 축구

● 듣기실력쑥 정답 He went to visit his uncle. / He played soccer.

B : Last Saturday, I went to visit my uncle. We played soccer together. It was cold but it was sunny. We had a great time. I like my uncle very much.

소년: 지난 토요일에 나는 나의 삼촌댁을 방문했다. 우리는 함께 축구를 했다. (날씨가) 춥긴 했지만 맑았다. 우리는 좋은 시간을 보냈다. 나는 나의 삼촌이 매우 많이 좋다.

### 4 정답 ③

dance 춤(을 추다)
contest 대회
have to ~해야 한다
buy 사다
bookstore 서점

● 듣기실력쑥 정답 ②

G : Tim, are you going to the dance contest?
B : Yes. Mary will be dancing.
G : She dances very well. Can we go together?
B : Of course. But I have to buy a book first.
G : I'll go with you.
B : Okay. Let's go to the bookstore.

소녀: Tim, 너 댄스 경연대회에 갈 거니?
소년: 응. Mary가 춤을 출 거야.
소녀: 그녀는 춤을 매우 잘 춰. 우리 함께 갈 수 있을까?
소년: 물론이지. 하지만 난 먼저 책을 사야 해.
소녀: 내가 같이 갈게.
소년: 그래. 서점에 가자.

### 5 정답 ④

present 선물
notebook 공책
music 음악
earphone 이어폰

● 듣기실력쑥 정답
1. How many
2. How much

G : It's Billy's birthday tomorrow.
B : Yes. Let's buy a present for him.
G : Okay. How about some notebooks?
B : He has many notebooks. How about earphones?
G : That's a good idea. He likes listening to music.

소녀: 내일이 Billy의 생일이야.
소년: 응. 그에게 선물을 사주자.
소녀: 그래. 공책 몇 권은 어떨까?
소년: 그에게는 공책이 많이 있어. 이어폰은 어때?
소녀: 그거 좋은 생각이다. 그는 음악 듣는 것을 좋아해.

## 6 정답 ②

weekend 주말
sport 운동

● 듣기실력쑥 정답
1. Let's play tennis on Friday.
2. Let's watch a movie this weekend.

B : Hi, Jane. What are you doing this weekend?
G : Hi, Simon. I want to play sports.
B : Do you want to play tennis together?
G : I don't like tennis very much. But I like basketball.
B : Okay. Let's play basketball this weekend.

소년: 안녕, Jane. 너 이번 주말에 뭐 하니?
소녀: 안녕, Simon. 난 운동을 하고 싶어.
소년: 같이 테니스 칠래?
소녀: 난 테니스를 별로 좋아하지 않아. 하지만 난 농구를 좋아해.
소년: 그래. 이번 주말에 농구를 하자.

## 7 정답 ②

tiger 호랑이
dangerous 위험한
kind 종류
favorite 가장 좋아하는

● 듣기실력쑥 정답 ③

G : Look at that tiger. It's great.
B : I don't like tigers. They're dangerous.
G : Okay. What kind of animals do you like?
B : I like animals I can play with.
G : Then do you like dogs?
B : Yes. My favorite animal is the dog.

소녀: 저 호랑이를 봐. 멋지다.
소년: 난 호랑이를 좋아하지 않아. 그것들은 위험해.
소녀: 그렇구나. 넌 어떤 종류의 동물을 좋아하니?
소년: 난 함께 놀 수 있는 동물이 좋아.
소녀: 그러면 너는 개를 좋아하니?
소년: 응. 내가 가장 좋아하는 동물이 개야.

## 8 정답 ③

go out 외출하다
have to ~해야 한다
take care of ~을 돌보다
little brother 남동생

● 듣기실력쑥 정답
Because, has, to

(Telephone rings.)
G : Hello?
B : Hi, Sujin. This is Bob.
G : Hi, Bob. How are you?
B : Great, thanks. It's sunny outside. Do you want to play outside with me?
G : I'm sorry, but I can't go out.
B : Why?
G : I have to take care of my little brother.

(전화벨이 울린다.)
소녀: 여보세요?
소년: 안녕, 수진아. 나 Bob이야.
소녀: 안녕, Bob. 어떻게 지내니?
소년: 좋아, 고마워. 밖에 화창해. 너 나랑 밖에서 놀래?
소녀: 미안하지만 난 외출할 수가 없어.
소년: 왜?
소녀: 난 남동생을 돌봐야 하거든.

## 9 정답 ③

every day 매일
get up 일어나다
get dressed 옷을 입다

B : Every day, I get up at seven thirty and have breakfast. I get dressed at eight fifteen. At eight thirty, I go to school. I come home at three o'clock.

소년: 매일 나는 7시 30분에 일어나서 아침을 먹는다. 나는 8시 15분에 옷을 입는다. 8시 30분에는 학교에 간다. 나는 3시에 집으로 온다.

## 10 정답 ①

anymore 더 이상
taller than ~보다 키가 큰
shorter than ~보다 키가 작은

● 듣기실력쑥 정답 1. bigger than 2. smaller than 3. taller than

B : Is this you in the picture?
G : Yes. It's me and my sister.
B : You are wearing glasses in the picture.
G : Yes. But I don't wear glasses anymore.
B : Your sister is taller than you.
G : That's right. I'm shorter than my sister.

소년: 이 사진 속에 (있는 사람이) 너니?
소녀: 응. 나와 나의 언니야.
소년: 너는 사진에서 안경을 쓰고 있구나.
소녀: 응. 하지만 나는 더 이상 안경을 쓰지 않아.
소년: 너의 언니는 너보다 키가 크구나.
소녀: 맞아. 나는 나의 언니보다 키가 작아.

## 11 정답 ①

hospital 병원
go straight 직진하다
turn 돌다
next to ~의 옆에

B : Excuse me. Where is the hospital?
G : Go straight and turn left at the school.
B : Turn left at the school?
G : That's right. It will be on your right.
B : Okay.
G : It's next to the post office.
B : I see. Thank you.

소년: 실례합니다. 병원이 어디에 있나요?
소녀: 직진한 후 학교에서 왼쪽으로 도세요.
소년: 학교에서 왼쪽으로 돌아요?
소녀: 맞아요. 그건 오른쪽에 있을 거예요.
소년: 알겠어요.
소녀: 그건 우체국 옆에 있어요.
소년: 알겠어요. 고맙습니다.

## 12 정답 ②

read 읽었다 (read의 과거형)
go fishing 낚시하러 가다
rain 비가 오다

● 듣기실력쑥 정답 ③

G : What did you do on the weekend, Eric?
B : I went to see a movie with my friends. How about you?
G : I read books at home.
B : Didn't you go fishing with your dad?
G : No, we didn't go fishing because it rained.

소녀: 너 주말에 무엇을 했니, Eric?
소년: 난 친구들과 영화를 보러 갔었어. 너는?
소녀: 나는 집에서 책을 읽었어.
소년: 아빠와 함께 낚시하러 가지 않았니?
소녀: 응, 비가 와서 우리는 낚시하러 가지 않았어.

go fishing ▶

## 13 정답 ④

kitchen 부엌
dirty 더러운
living room 거실

W : ① This is my kitchen. It is very dirty.
② This is my living room. It is very big.
③ This is my bathroom. It is very small.
④ This is my bedroom. It is very clean.

여자: ① 이곳은 나의 부엌이다. 그것은 매우 더럽다.
② 이곳은 나의 거실이다. 그것은 매우 크다.
③ 이곳은 나의 화장실이다. 그것은 매우 작다.
④ 이곳은 나의 침실이다. 그것은 매우 깨끗하다.

## 14 정답 ①

everybody 모든 사람
wear glasses 안경을 쓰다
smile 미소

B : This is my sister. Everybody says she is beautiful. I like her long hair. She is very tall. She doesn't wear glasses. She also has a beautiful smile.

소년: 이분은 나의 누나이다. 모든 사람이 그녀가 아름답다고 말한다. 나는 누나의 긴 머리가 좋다. 누나는 키가 매우 크다. 누나는 안경을 쓰지 않는다. 누나는 또한 아름다운 미소를 가지고 있다.

## 15 정답 ②

orange 오렌지
how to ~하는 방법
swim 수영하다
supermarket 슈퍼마켓
run 뛰다, 달리다
because ~이기 때문에
be late for ~에 늦다
lesson 수업

① G : I like oranges. How about you?
B : I don't like them.
② G : Do you know how to swim?
B : No, I don't. I can swim.
③ G : Where are you going?
B : I'm going to the supermarket.
④ G : Why are you running?
B : Because I'm late for my English lesson.

① 소녀: 난 오렌지를 좋아해. 넌 어때?
소년: 난 그것을 좋아하지 않아.
② 소녀: 너 수영하는 법을 아니?
소년: 아니, 몰라. 나는 수영을 할 수 있어.
③ 소녀: 너 어디에 가니?
소년: 난 슈퍼마켓에 가고 있어.
④ 소녀: 너는 왜 뛰고 있니?
소년: 내가 영어 수업에 늦었기 때문이야.

## 16 정답 ①

cell phone 휴대전화
found 찾았다 (find의 과거형)
wallet 지갑
check 확인하다
inside ~의 안쪽에

G : Dad, where is my cell phone?
M : Your cell phone is on your bed.
G : Oh, I found it. Where is my wallet?
M : It's under the table.
G : Under the table? No, it's not there.
M : Then check inside your bag.
G : Ah, my wallet is in my bag.

소녀: 아빠, 제 휴대전화가 어디에 있어요?
남자: 너의 휴대전화는 너의 침대 위에 있어.
소녀: 아, 찾았어요. 제 지갑은 어디에 있어요?
남자: 그것은 탁자 아래에 있어.
소녀: 탁자 아래요? 아니요, 거기에 없어요.
남자: 그러면 너의 가방 안을 확인해보렴.
소녀: 아, 저의 지갑이 제 가방 안에 있네요.

◀ wallet

## 17 정답 ③

hobby 취미
badminton 배드민턴
too ~도, ~역시
together 함께

● 듣기실력쑥 정답
1. playing soccer
2. watching a movie
3. cooking
4. keeping a diary

G : Victor, what is your hobby?
B : My hobby is playing badminton. I like to play sports.
G : Me, too. Can we play badminton together?
B : _____

소녀: Victor, 너의 취미가 뭐니?
소년: 나의 취미는 배드민턴을 치는 거야. 나는 운동하는 것을 좋아해.
소녀: 나도 그래. 우리 함께 배드민턴을 칠 수 있을까?
소년: _____

① 응, 우린 그럴 수 있어.
② 응, 물론이지.
③ 아니, 그들은 할 수 없어.
④ 그거 재미있겠다.

## 18 정답 ②

help 돕다
look for ~을 찾다
present 선물
scarf 목도리
dollar 달러(미국의 화폐 단위)

M: May I help you?
G: I'm looking for a present for my friend.
M: How about this scarf?
G: How much is it?
M: It's 15 dollars.
G: **I'll take it.**

남자: 도와드릴까요?
소녀: 저는 친구를 위한 선물을 찾고 있어요.
남자: 이 목도리는 어때요?
소녀: 그것은 얼마입니까?
남자: 15달러예요.
소녀: **제가 그걸 사겠어요.**

① (전화에서) 저입니다.
② 제가 그걸 사겠어요.
③ 마음껏 드세요.
④ 천만에요.

● 듣기실력쑥 정답 1. How many 2. How much

◀ dollar    look for ▶

## 19 정답 ④

cinema 극장
sound ~하게 들리다
exciting 재미있는, 흥분시키는
have a good time 좋은 시간을 보내다
saw 보았다 (see의 과거형)
interesting 흥미로운
movie 영화

B: I went to the cinema yesterday.
G: Sounds exciting. Did you have a good time?
B: Yes. I saw an interesting movie.
G: That's nice. Who did you go with?
B: **I went with my brother.**

소년: 나 어제 극장에 갔었어.
소녀: 재미있었겠다. 좋은 시간을 보냈니?
소년: 응. 난 흥미로운 영화를 봤어.
소녀: 그거 좋구나. 누구와 함께 갔니?
소년: **난 형이랑 같이 갔어.**

① 난 거기서 버스를 탔어.
② 그건 좋은 영화였어.
③ 그건 9시에 끝났어.
④ 난 형이랑 같이 갔어.

## 20 정답 ④

be from ~출신이다
Korea 한국
USA 미국
meet 만나다
room 방
Chinese 중국인

G: Hi, I'm Mina. I'm from Korea. What's your name?
B: My name is James. I'm from the USA.
G: Nice to meet you, James.
B: Nice to meet you, too. Where is your friend from?
G: **She's Chinese.**

소녀: 안녕, 난 미나야. 난 한국 출신이야. 너의 이름은 뭐니?
소년: 내 이름은 James야. 난 미국 출신이야.
소녀: 만나서 반가워, James.
소년: 나도 만나서 반가워. 너의 친구는 어디 출신이니?
소녀: **그녀는 중국인이야.**

① 나는 한국 출신이야.
② 그녀의 이름은 Sue야.
③ 그는 나의 방에 있어.
④ 그녀는 중국인이야.

## step2 낱말받아쓰기 정답 본문 66쪽   복습합시다!

| 학습예정일 | / | 실제학습일 | / | 부모님확인란 | 맞은개수 |
|---|---|---|---|---|---|

1  why/ Why don't we ~?
왜/ 우리 ~하는 게 어떨까?

2  go/ be going to
가다/ ~할 것이다

3  soccer/ play soccer   play soccer ▶
축구/ 축구하다

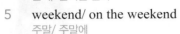

4  listen/ listen to music
듣다/ 음악을 듣다

5  weekend/ on the weekend
주말/ 주말에

6  kind/ what kind of ~
종류, 친절한/ 어떤 종류의~

7  out/ go out
밖으로/ 외출하다

8  care/ take care of
돌봄/ ~을 돌보다

9  dress/ get dressed
옷/ 옷을 입다

10  right/ on the right
오른쪽/ 오른쪽 편에

11  movie/ see a movie
영화/ 영화를 보다

12  how/ how to
어떻게/ ~하는 방법

13  late/ be late for
늦은/ ~에 늦다

14  look/ look for
보다/ ~을 찾다

15  time/ have a good time
시간/ 좋은 시간을 보내다

## step3 통문장받아쓰기 정답 본문 67쪽   복습합시다!

| 학습예정일 | / | 실제학습일 | / | 부모님확인란 | 맞은개수 |
|---|---|---|---|---|---|

1  A: May I speak to Jinho, please?
A: 진호와 통화할 수 있을까요?
B: Speaking.
B: 전데요.

2  A: What are you going to do?
A: 뭐 할 거니?
B: I am going to the library.
B: 나는 도서관에 갈 거야.

3  A: Let's buy a CD for him.
A: 그를 위해 CD를 사자.
B: That's a good idea. He likes listening to music.
B: 좋은 생각이야. 그는 음악을 듣는 것을 좋아해.

4  A: What are you doing on the weekend?
A: 주말에 뭐 할거니?
B: I want to play sports.
B: 나는 운동을 하고 싶어.

5  A: What kind of animals do you like?
A: 너는 어떤 종류의 동물을 좋아하니?
B: I like tigers.
B: 나는 호랑이가 좋아.

6  A: I take care of my little brother.
A: 나는 남동생을 돌봐.
B: How nice you are!
B: 너는 착하구나!

7  A: What do you do at eight in the morning?
A: 너는 아침 8시에 뭐하니?
B: I get dressed.
B: 나는 옷을 입어.

8  A: Sumi is taller than you.
A: 수미는 너보다 키가 더 크다.
B: That's right. I'm shorter than Sumi.
B: 맞아. 나는 수미보다 작아.

9  A: Let's see a movie tonight.
A: 오늘 밤에 영화를 보자.
B: Sounds good.
B: 좋아.

10  A: Do you know how to swim?
A: 너 수영하는 법을 아니?
B: No, I don't.
B: 아니, 몰라.

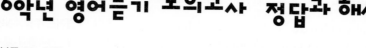

| 정답과 단어 | 듣기대본 | 우리말 해석 |

## 1 정답 ③

mobile number 휴대전화 번호
Just a second. 잠깐만 기다려봐.
That's right. 그래 맞아.

G : Hey, Alex! Do you have Peter's <u>mobile</u> number?
B : Yes, I do. Just a <u>second</u>, let me <u>find</u> it for you.
G : Thank you.
B : <u>Here's</u> his phone number. It's 015-755-3980.
G : 015-755-3980?
B : That's <u>right</u>.

소녀: 이봐, Alex! 너 Peter의 **휴대전화** 번호 가지고 있니?
소년: 응, 있어. **잠깐만** 기다려봐, 내가 널 위해 **찾아볼게**.
소녀: 고마워.
소년: **이것이** 그의 전화번호야. 015-755-3980이야.
소녀: 015-755-3980?
소년: 그래 **맞아**.

## 2 정답 ②

busy 바쁜
Not really. 아니, 특별한 거는 없어.
read 읽다

● 듣기실력쑥 정답
I am reading a book.

(Telephone rings.)
G : Hello.
B : Hello. Can I <u>speak to</u> Judy?
G : This is Judy. Who is this?
B : This is Ben. Are you <u>busy</u> now?
G : Not <u>really</u>. I'm just reading a book. Why?
B : Let's do science <u>homework</u> together.
G : Sure.

(전화벨이 울린다.)
소녀: 여보세요.
소년: 여보세요. Judy와 **통화할 수** 있을까요?
소녀: 제가 Judy예요. 누구시죠?
소년: 나 Ben이야. 너 지금 **바쁘니**?
소녀: 아니, **특별한 거는 없어**. 난 그냥 책을 읽고 있어. 왜?
소년: 그럼 우리 과학 **숙제** 같이 하자.
소녀: 물론이지.

## 3 정답 ④

do one's homework 숙제를 하다
have lunch 점심을 먹다
turn off (전원을) 끄다

B : Are you still doing your <u>homework</u>?
G : Yes, I am. Why?
B : It's 12:30. I'm <u>hungry</u>. Can you have lunch with me now?
G : Sure. Let me <u>turn off</u> the computer <u>first</u>.
B : Okay.

소년: 너 아직 네 **숙제**를 하는 중이야?
소녀: 응, 그래. 왜?
소년: 지금 12시 30분이야. 난 **배고파**. 너 나랑 함께 지금 점심을 먹을 수 있을까?
소녀: 알았어. **먼저 컴퓨터부터 끄고**.
소년: 알았어.

## 4 정답 ③

next week 다음 주

● 듣기실력쑥 정답 ④

B : I went to the park with my <u>brother</u> yesterday. We played badminton <u>together</u>. And then we ate <u>sandwiches</u>. We had a really great time. I want to go to the park again <u>next week</u>.

소년: 나는 어제 내 **남동생**과 공원에 갔다. 우리는 함께 배드민턴을 쳤다. 그리고 나서 우리는 샌드위치를 먹었다. 우리는 정말로 좋은 시간을 가졌다. 나는 **다음 주**에 다시 공원에 가고 싶다.

## 5 정답 ②

bookstore 서점
post office 우체국

● 듣기실력쑥 정답 ③

M: Excuse me. Where is the <u>bookstore</u>?
W: Can you see the <u>post office</u>?
M: Yes, I can see it.
W: Go <u>straight</u> and turn <u>right</u> at the post office.
M: Okay.
W: Then <u>go</u> straight and turn left at the hospital. The bookstore is on your right.
M: Thank you.

남자: 실례합니다. 서점이 어디에 있나요?
여자: 우체국이 보이세요?
남자: 네. 그것이 보이네요.
여자: 앞으로 쭉 가시다가 우체국에서 **오른쪽으로** 도세요.
남자: 알겠습니다.
여자: 그 다음에 앞으로 쭉 **가시다가** 병원에서 좌회전 하세요. 서점은 당신의 오른쪽에 있습니다.
남자: 감사합니다.

## 6 정답 ①

have a good weekend

즐거운 주말을 보내다
stay home  집에 머물다

● 듣기실력쑥 정답 ③

G : Did you have a good weekend, Thomas?
B : Yes. I went to my grandmother's house with my family. How about you?
G : I stayed home and watched a movie with my family.
B : What did you watch?
G : We watched "Iron Man."

소녀: 넌 즐거운 주말을 보냈니, Thomas?
소년: 응. 난 가족들과 함께 할머니 댁에 갔어. 넌 어때?
소녀: 난 집에서 머무르면서 가족들과 영화를 봤어.
소년: 무엇을 봤어?
소녀: 우리는 '아이언 맨'을 봤어.

---

## 7 정답 ③

sit on  ~위에 앉다
have lunch  점심을 먹다
at all  (부정문에서) 전혀

B : Can I sit on the grass and have lunch?
W : **I'm sorry, you can't.**

① Of course you can.
② Help yourself.
③ I'm sorry, you can't.
④ No problem at all.

소년: 제가 잔디 위에 앉아서 점심을 먹어도 되나요?
여자: **죄송하지만, 그렇게 하실 수 없습니다.**

① 물론 그렇게 해도 됩니다.
② 마음대로 드십시오.
③ 죄송하지만, 그렇게 하실 수 없습니다.
④ 전혀 문제가 되지 않습니다.

---

## 8 정답 ②

smart  영리한
beautiful  아름다운

● 듣기실력쑥 정답
have beautiful eyes

G : Look at that dog! It's so cute.
B : Do you like dogs?
G : Yes. They are smart. How about you?
B : I don't like dogs. I like cats.
G : Why?
B : Because they have beautiful eyes.

소녀: 저 개를 봐봐! 정말 귀엽다.
소년: 넌 개를 좋아하니?
소녀: 응. 그것들은 영리해. 넌 어때?
소년: 난 개를 좋아하지 않아. 난 고양이를 좋아해.
소녀: 왜?
소년: 왜냐하면 그것들은 아름다운 눈을 가졌어.

---

## 9 정답 ②

introduce  소개하다
high school  고등학교

● 듣기실력쑥 정답 1. O, 2. X

B : I will introduce my family to you. There are four members in my family. My father is a high school teacher. My mother is a nurse. My sister is now studying in America. I love my family.

소년: 제가 제 가족을 여러분에게 소개할게요. 우리 가족은 네 명의 구성원이 있다. 우리 아버지는 고등학교 선생님이시다. 우리 어머니는 간호사이다. 나의 누나는 미국에서 지금 공부하고 있다. 나는 우리 가족을 사랑한다.

---

## 10 정답 ②

favorite  좋아하는
anything else
그 밖에 다른 것

● 듣기실력쑥 정답 ③

G : I'm hungry. What should we eat for lunch?
B : Hmm… How about a hamburger? It's your favorite food.
G : I had one yesterday for dinner. Anything else?
B : How about pasta?
G : Sounds good. Let's go.

소녀: 나 배고파. 우리 점심으로 무엇을 먹을까?
소년: 음… 햄버거는 어때? 그것은 네가 좋아하는 음식이잖아.
소녀: 난 어제 저녁으로 그것을 먹었어. 그 밖에 다른 것은?
소년: 파스타는 어때?
소녀: 좋아. 가자.

---

## 11 정답 ①

twin  쌍둥이
look different

다르게 생겼다,
닮지 않았다

● 듣기실력쑥 정답
1. is shorter than
2. is taller than

G : This is a picture of my twin brother and sister.
B : Wow. They are so cute.
G : Yes, they are. They are ten years old.
B : But they look different. Your sister is taller than your brother.
G : Yes. My brother wears glasses but my sister doesn't.

소녀: 이것은 내 쌍둥이 남동생 여동생의 사진이야.
소년: 와, 그들은 정말 귀엽다.
소녀: 응, 그래. 그들은 10살이야.
소년: 근데 그들은 다르게 생겼다. 네 여동생이 네 남동생보다 크구나.
소녀: 응. 그리고 나의 남동생은 안경을 쓰지만 내 여동생은 그렇지 않아.

◀ twin

## 12 정답 ②

bring 가져오다
Here it is. 여기 있어요
under ~ 아래에

● 듣기실력쑥 정답 1. T, 2. F

W: Can you <u>bring</u> me my bag, Jason?
B : Okay. Where is it?
W: It's on the <u>table</u>.
B : It's not on the table, Mom.
W: Then maybe it's on the bed.
B : Hmm… <u>Here</u> it is. It's <u>under</u> the bed, Mom.

여자: 내게 나의 가방을 좀 가져다 줄래, Jason?
소년: 알았어요. 그것은 어디에 있어요?
여자: 그것은 **탁자 위에** 있어.
소년: 그것은 탁자 위에 없어요, 엄마.
여자: 그럼 아마도 그것은 침대 위에 있을 거야.
소년: 음… 여기 있어요. 그것은 침대 **아래에** 있어요, 엄마.

## 13 정답 ②

strawberry 딸기

● 듣기실력쑥 정답
help. buy. cake
A: 어떻게 도와드릴까요?
B: 딸의 생일을 위한 케이크를 사고 싶어요.

W: How may I <u>help</u> you?
M: I want to <u>buy</u> a cake for my daughter's <u>birthday</u>.
W: Okay. Does she like strawberries?
M: No, she doesn't. She likes chocolate.
W: I see. How about this chocolate one?
M: I like it. <u>How</u> <u>much</u> is it?
W: It's 20 dollars.

여자: 어떻게 **도와드릴까요**?
남자: 전 제 딸의 **생일**을 위한 케이크를 **사고** 싶어요.
여자: 알겠습니다. 그녀는 딸기를 좋아하나요?
남자: 아니요, 좋아하지 않아요. 그녀는 초콜릿을 좋아해요.
여자: 그렇군요. 이 초콜릿 케이크는 어떠세요?
남자: 전 맘에 들어요. 그것은 가격이 **얼마지요**?
여자: 이것은 20달러예요.

◀ strawberry

## 14 정답 ③

go home 집에 가다
go to school 학교에 가다
come 오다

① G : I <u>go</u> home at 3 o'clock.
② G : I go to <u>school</u> at 8:40.
③ G : My class <u>starts</u> at 9 o'clock.
④ G : My teacher <u>comes</u> to school at 8:30.

① 소녀: 나는 3시에 집에 간다.
② 소녀: 나는 8시 40분에 학교에 간다.
③ 소녀: 나의 수업은 9시에 **시작한다**.
④ 소녀: 나의 선생님은 8시 30분에 학교에 **오신다**.

## 15 정답 ③

hate 몹시 싫어하다
subject 과목

● 듣기실력쑥 정답 ①

B : Did you finish your math <u>homework</u>?
G : Not yet. I <u>hate</u> math. It's too difficult.
B : What <u>subject</u> do you like the most?
G : I like music the most. I like <u>singing</u>.
B : You do? I like <u>science</u>.

소년: 너 수학 숙제를 다 끝냈니?
소녀: 아직 아냐. 난 수학이 **몹시 싫어**. 그것은 너무 어려워.
소년: 넌 어떤 **과목**을 가장 좋아해?
소녀: 난 음악이 좋아. 난 **노래를 부르는 것**을 좋아해.
소년: 그래? 난 **과학**이 좋아.

## 16 정답 ④

help someone with ~
~에게 …을 돕다

● 듣기실력쑥 정답 They are going to meet at the library.

G : Can you <u>help</u> me <u>with</u> my English homework tomorrow?
B : Sure. Where should we <u>meet</u>?
G : Let's meet at the <u>library</u>.
B : Sounds good. At what time?
G : Hmm… How about 2 o'clock?
B : Okay. See you tomorrow.

소녀: 내일 내 영어 숙제를 **도와줄** 수 있어?
소년: 물론이지. 우리 어디서 **만날까**?
소녀: 우리 **도서관**에서 만나자.
소년: 그거 좋은 생각이야. 몇 시에?
소녀: 음… 2시 어때?
소년: 알았어. 내일 보자.

## 17 정답 ③

tomorrow 내일
go to ~에 가다
shopping mall 쇼핑몰
enough 충분한
lesson 강습, 수업

● 듣기실력쑥 정답 doing. going. birthday. about

B : Tomorrow is <u>Saturday</u>.
G : Yes! What are you <u>doing</u> tomorrow?
B : I'm <u>going</u> to Minho's birthday party. How about you?
G : _____

◀ lesson

소년: 내일은 **토요일**이야.
소녀: 응! 넌 내일 무엇을 해?
소년: 난 민호의 생일파티에 **갈 거야**. 넌 어때?
소녀: _____

① 난 쇼핑몰에 갈 거야.
② 난 농구를 할 거야.
③ 난 충분한 시간이 있어.
④ 난 수영 강습이 있어.

## 18 정답 ③

late　　　　늦은, 늦게
already　　벌써, 이미
go inside　안으로 들어가다
hot　　　　더운

●듣기실력쑥 정답 ①

W: You are <u>late</u>. It's <u>already</u> one o'clock now.
M: I'm really <u>sorry</u>. Let's go <u>inside</u>.
W: <u>Why</u> were you so late, Eric?
**M: I got up late.**

여자: 너 늦었어. 지금 벌써 1시야.
남자: 정말 미안해. **안으로 들어가자.**
여자: 너 왜 이렇게 늦은 거니, Eric?
**남자: 난 늦게 일어났어.**

① 너무 덥다.
② 너무 늦었어.
③ 난 늦게 일어났어.
④ 난 집에 갔어.

## 19 정답 ④

Welcome to one's home.

~의 집에 오신 것을 환영합니다
look great　근사해 보이다,
　　　　　　멋지다
delicious　맛있는
kitchen　　부엌
Help yourself.
　　　　　　마음껏 드세요.

W: <u>Welcome</u> to my <u>home</u>.
M: Happy birthday, Susan! You <u>look</u> great, today.
W: Thank you so much. You look <u>great</u>, too.
M: Wow! The food looks <u>delicious</u>.
**W: Help yourself.**

여자: 우리 집에 온 걸 환영해.
남자: 생일 축하해, Susan! 너 오늘 근사해 보인다.
여자: 정말 고마워. 너도 근사해 보여.
남자: 와! 음식이 맛있어 보여.
**여자: 마음껏 먹어.**

① 부엌이 있어.
② 저기를 봐.
③ 난 항상 엄마를 도와드려.
④ 마음껏 먹어.

## 20 정답 ②

hurry up　서두르다
miss　　　놓치다
grab a taxi 택시를 잡다

●듣기실력쑥 정답 Let's grab
　a taxi.

W: Let's <u>hurry</u> up. We're going to <u>miss</u> the <u>train</u>.
M: What time is it now?
W: It's 4:30.
M: Really? I think we should <u>grab</u> a taxi.
**W: That's a good idea.**

여자: 우리 서두르자. 우리 기차를 놓치겠어.
남자: 지금 몇 시야?
여자: 4시 30분이야.
남자: 정말? 내 생각에 우리는 택시를 잡아야겠다.
**여자: 그거 좋은 생각이다.**

① 너는 너무 오래 기다렸어.
② 그거 좋은 생각이다.
③ 너는 나를 도와주어야 해.
④ 너는 너무 빨리 걸어.

## step2 낱말받아쓰기 정답 본문 78쪽

복습합시다!

| 학습<br>예정일 | / | 실제<br>학습일 | / | 부모님<br>확인란 | 맞은<br>개수 | |
|---|---|---|---|---|---|---|

1 second/ Just a second.
잠시, 초/ 잠시만

2 read/ read a book
읽다/ 책을 읽다

3 homework/ do one's homework
숙제/ 숙제를 하다

4 turn/ turn off
돌다/ (전원을) 끄다

5 time/ have a great time
시간/ 좋은 시간을 보내다

6 weekend/ have a good weekend
주말/ 즐거운 주말을 보내다

turn off ▶

7 sit/ sit down
앉다/ (서 있던 사람이) 앉다

8 different/ look different
다른/ 다르게 생겼다

9 here/ Here it is.
여기/ 여기 있어요.

10 school/ go to school
학교/ 학교에 가다

11 late/ be late for
늦은/ ~에 늦다

12 inside/ go inside
~안/ 안으로 들어가다

13 welcome/ Welcome to my home.
환영하다/ 나의 집에 오신 것을 환영합니다.

14 look/ look great
보이다, 보다/ 근사해 보이다

15 hurry/ hurry up
서두르다/ 서두르다

## step3 통문장받아쓰기 정답 본문 79쪽

복습합시다!

| 학습<br>예정일 | / | 실제<br>학습일 | / | 부모님<br>확인란 | 맞은<br>개수 | |
|---|---|---|---|---|---|---|

1 A: Do you have Peter's number?
A: 너 Peter 번호 있어?

B: Yes, I do. Just a second.
B: 응, 있어. 잠깐만 기다려봐.

2 A: Are you busy now?
A: 너 지금 바쁘니?

B: Not really.
B: 아니, 특별한 거는 없어.

3 A: Did you have a good weekend?
A: 너는 좋은 주말을 보냈니?

B: Yes I did.
B: 응 그랬어.

4 A: Can you bring me my bag?
A: 내 가방 좀 내게 가져다 줄래?

B: Okay. Where is it?
B: 네, 어디에 있나요?

5 A: How may I help you?
A: 어떻게 도와드릴까요?

B: I want to buy a cake.
B: 전 케이크를 사고 싶어요.

6 A: Did you finish your homework?
A: 너 숙제를 끝냈니?

B: Yes, I did.
B: 네, 했어요.

7 A: Can you help me with my homework?
A: 너 내 숙제 좀 도와줄 수 있어?

B: Sure.
B: 그럼.

8 A: Welcome to my home.
A: 나의 집에 온 걸 환영해.

B: Thanks for inviting.
B: 초대해줘서 고마워.

9 A: Let's hurry up.
A: 서두르자 우리.

B: What time is it now?
B: 지금이 몇 시인데?

10 A: We should grab a taxi.
A: 우리는 택시를 타야만 해.

B: I agree.
B: 나도 동의해.

| 학습예정일 | 월 일 | 실제학습일 | 월 일 | 부모님확인란 | | 점수 | |
|---|---|---|---|---|---|---|---|

## 정답과 단어 | 듣기대본 | 우리말 해석

**1** 정답 ③

I'm looking for ~

(주로 상점에서) 저는 ~을 찾고 있어요

● 듣기실력쑥 정답 ①

W: How may I help you?
M: I'm looking for a small doll for my daughter.
W: How about this puppy doll?
M: It's cute. How much is it?
W: Ten dollars.
M: Okay, I'll take it.

여자: 무엇을 도와드릴까요?
남자: 저는 제 딸을 위한 작은 인형을 찾고 있어요.
여자: 그럼 이 강아지 인형은 어떠세요?
남자: 귀엽군요. 그것은 얼마인가요?
여자: 10달러입니다.
남자: 네, 그걸로 가져가겠습니다.

---

**2** 정답 ①

I'm not sure. 잘 모르겠어. 확실하지 않아.
nervous 긴장한
Can you ~? ~할 수 있니?

● 듣기실력쑥 정답
축구 경기에 참가하기

G : Steve, do you think it's going to rain tomorrow?
B : Well, I'm not sure. Why?
G : I have a big soccer match.
B : Oh, I see. Are you nervous?
G : Yes, I am. Can you come to my game?
B : Sorry, I can't. I have a violin lesson tomorrow.

소녀: Steve야, 내일 비가 올 것 같니?
소년: 음, 잘 모르겠는데. 왜 그러니?
소녀: 난 내일 큰 축구 시합이 있거든.
소년: 그렇구나. 너는 긴장이 되니?
소녀: 응. 내일 내 시합에 올 수 있니?
소년: 미안하지만 안 돼. 난 내일 바이올린 교습이 있어.

---

**3** 정답 ④

be going to ~ ~할 것이다

● 듣기실력쑥 정답 ④

B : My name is James, and I live in New York. Tomorrow is my birthday. I'm going to have a party with my friends at school. So I'm very excited.

소년: 제 이름은 James이고, 뉴욕에 살고 있습니다. 내일은 제 생일이에요. 학교에서 친구들과 파티를 할 예정입니다. 그래서 저는 매우 신이 납니다.

---

**4** 정답 ③

favorite 가장 좋아하는
Who is ~? ~은 누구니?
math 수학
travel to ~ ~으로 여행하다
Let's ~ ~하자

● 듣기실력쑥 정답
1. What 2. Who

① B : What is your favorite food?
　 G : I love spaghetti.
② B : Who is that woman?
　 G : She is my English teacher.
③ B : I'm studying for my math test.
　 G : No, thank you.
④ B : I want to travel to France this winter.
　 G : Let's go together!

① 소년: 네가 가장 좋아하는 음식이 뭐니?
　 소녀: 난 스파게티를 정말 좋아해.
② 소년: 저 여성분은 누구시니?
　 소녀: 그녀는 나의 영어 선생님이셔.
③ 소년: 나는 수학 시험을 위해 공부하고 있어.
　 소녀: 됐어, 괜찮아.
④ 소년: 이번 겨울에 프랑스로 여행을 하고 싶어.
　 소녀: 함께 가자!

---

**5** 정답 ②

look delicious 맛있어 보이다
forgot to ~ ~하는 것을 잊어버렸다 (forget to의 과거형)
right now 지금 당장

● 듣기실력쑥 정답 ③

G : What are you doing, Michael?
B : I'm making some sandwiches for lunch.
G : Great. They look delicious.
B : Oh no! I forgot to buy tomatoes at the supermarket!
G : Let me help you. I'll go and buy some tomatoes for you right now.
B : Thank you so much.

소녀: 지금 뭐하고 있니, Michael?
소년: 점심을 위해 샌드위치를 좀 만들고 있어.
소녀: 멋져. 맛있어 보인다.
소년: 오, 이런! 슈퍼마켓에서 토마토를 사는 걸 잊어버렸어!
소녀: 내가 도와줄게. 너를 위해 지금 바로 토마토를 사다 주겠어.
소년: 정말 고마워.

**6** 정답 ②

hospital    병원
poor      가난한
grow up    크다, 자라다

● 듣기실력쑥 정답 ②

B : My father works at a hospital. He is a doctor. He helps sick and poor children. I want to be like him when I grow up.

소년: 나의 아버지는 병원에서 일하십니다. 그는 의사입니다. 그는 아프고 가난한 아이들을 돕습니다. 저도 크면 아버지처럼 되고 싶습니다.

---

**7** 정답 ④

grandparents
         조부모님
farm       농장
someday    언젠가, 훗날

● 듣기실력쑥 정답 ②

G : Hi, Tom. Did you have a nice weekend?
B : Yes, I did. I went swimming with my family.
G : That's great.
B : How about you, Sally?
G : I went to my grandparents' farm.
B : Wow, can I go there with you someday?
G : Sure.

소녀: 안녕 Tom. 주말 잘 보냈니?
소년: 응. 난 가족과 함께 수영하러 갔어.
소녀: 잘됐구나.
소년: 너는 어땠니, Sally야?
소녀: 나는 조부모님의 농장에 다녀왔어.
소년: 와, 나도 언제 한 번 너와 함께 그곳에 가도 되니?
소녀: 물론이지.

---

**8** 정답 ③

subject    과목
because    왜냐하면

● 듣기실력쑥 정답
   수학, 너무 어렵기 때문에

B : Do you like math, Julie?
G : No, I don't. It's too difficult.
B : Then, what is your favorite subject?
G : I like music.
B : Why is that?
G : Because I like to sing and dance.

소년: Julie야, 넌 수학을 좋아하니?
소녀: 아니, 싫어해. 그건 너무 어려워.
소년: 그렇다면, 네가 가장 좋아하는 과목은 뭐니?
소녀: 난 음악을 좋아해.
소년: 왜?
소녀: 왜냐하면 난 노래하고 춤추는 걸 좋아하기 때문이야.

---

**9** 정답 ④

restaurant   레스토랑, 식당
couldn't (= could not)
         ~할 수 없었다

● 듣기실력쑥 정답 ②

G : It was my birthday yesterday. I went to a restaurant with my family. My parents had a steak. I had a pizza. Pizza is my sister's favorite food. But my sister was sick so she couldn't come with us.

소녀: 어제는 나의 생일이었다. 나는 가족과 함께 식당에 갔다. 나의 부모님은 스테이크를 드셨다. 나는 피자를 먹었다. 피자는 내 여동생의 가장 좋아하는 음식이다. 하지만 내 여동생은 아파서 우리와 함께 가지 못했다.

---

**10** 정답 ④

What's up?   무슨 일이니?
lost       잃어버렸다
         (lose의 과거형)
borrow     빌리다
bus stop    버스 정류장

● 듣기실력쑥 정답 ③

(Telephone rings.)
G : Hello?
B : Hi, Jessica. It's me, Thomas.
G : Oh hi, Thomas. What's up?
B : I think I lost my science book. Can I borrow yours?
G : Yes. I'll give it to you on Sunday.
B : Thanks. Let's meet at the bus stop at eight.
G : OK. See you then!

(전화벨이 울린다.)
소녀: 여보세요?
소년: 안녕, Jessica. 나야. Thomas.
소녀: 오, 안녕. Thomas. 무슨 일이야?
소년: 내 과학책을 잃어버린 것 같아. 네 것을 빌려도 되니?
소녀: 그래. 일요일에 네게 줄게.
소년: 고마워. 8시에 버스 정류장에서 만나자.
소녀: 좋아. 그때 봐!

---

**11** 정답 ①

How do I get to ~?
   ~에 어떻게 가나요?
city hall    시청

● 듣기실력쑥 정답 ③

W: Excuse me. How do I get to City Hall?
M: First, go straight two blocks. You will see a bank at the end of the second block. Turn left, and City Hall is on your right.
W: Thank you very much.
M: You're welcome.

여자: 실례합니다. 시청에 어떻게 가야 하나요?
남자: 먼저 두 블럭 앞으로 쭉 가세요. 두 번째 블럭 끝에서 은행이 보일 거예요. 왼쪽으로 돌면, 시청이 당신의 오른편에 있을 겁니다.
여자: 정말 감사합니다.
남자: 천만에요.

| 정답과 단어 | 듣기대본 | 우리말 해석 |
|---|---|---|

## 12 정답 ②

five years old 5살
older sister 누나, 언니
hold 잡다
both 둘 다

●듣기실력쑥 정답 ②

G : Wow, is this you, Mike?
B : Yes, it's me <u>when</u> I was five years old.
G : Is she your <u>sister</u>?
B : Yes. That is Susan, my older sister.
G : She's <u>holding</u> two bananas.
B : Yes. She likes bananas.
G : Oh, you both are so cute.

소녀: 와, Mike야, 이거 너니?
소년: 응, 그건 내가 다섯 살 때야.
소녀: 이 아이는 네 누나이니?
소년: 응, 내 누나 Susan이야.
소녀: 바나나 두 개를 들고 있네.
소년: 응, 그녀는 바나나를 좋아해.
소녀: 오, 너희 둘 다 정말 귀엽구나.

◀ hold

---

## 13 정답 ④

have to ~ ~해야 한다
all day 하루 종일
take care of ~
    ~을 돌보다

① B : I'm going to do my <u>homework</u> all day.
② B : I'm going to take care of my sister <u>tomorrow</u>.
③ B : I'm going to go to a concert today.
④ B : I'm going to <u>ride</u> a bike this <u>weekend</u>.

① 소년: 나는 하루 종일 숙제를 할 거야.
② 소년: 나는 내일 여동생을 돌볼 거야.
③ 소년: 난 오늘 공연을 보러 갈 거야.
④ 소년: 나는 이번 주말에 자전거를 탈 거야.

---

## 14 정답 ②

Be careful. 조심하렴.
next time 다음 번에
hungry 배고픈
Where is ~? ~은 어디 있나
    요?
room 방

① B : Can I play <u>soccer</u> now?
   W: No, <u>do</u> your homework first.
② B : I'm so sorry, Mom.
   W: That's OK. Be careful next time.
③ B : Mom, I'm <u>hungry</u>.
   W: Dinner is ready!
④ B : Mom, <u>where</u> is my bag?
   W: It's in your room.

① 소년: 저 지금 축구 해도 돼요?
   여자: 아니, 너의 숙제를 먼저 하렴.
② 소년: 엄마, 정말 죄송해요.
   여자: 괜찮다. 다음 번에는 조심하렴.
③ 소년: 엄마, 저는 배고파요.
   여자: 저녁 준비되었다!
④ 소년: 엄마, 제 가방은 어디 있나요?
   여자: 그것은 네 방에 있단다.

---

## 15 정답 ①

go on a picnic
    소풍을 가다

●듣기실력쑥 정답 ③

B : Today, I went on a picnic <u>with</u> my mom. We sat <u>under</u> a big tree. <u>After</u> having lunch, I listened to music and my mom <u>read</u> a <u>book</u>.

소년: 오늘 나는 어머니와 함께 소풍을 갔다. 우리는 큰 나무 아래에 앉았다. 점심을 먹은 뒤에, 나는 음악을 들었고 어머니께서는 책을 읽으셨다.

---

## 16 정답 ③

put 두다. 놓다
    (put-put-put)
maybe 아마도, 어쩌면

B : Mom, I can't <u>find</u> my English book.
W: <u>Where</u> did you put it yesterday?
B : I thought I put it on my <u>desk</u>, but it's not there.
W: Maybe it's on the <u>sofa</u>.
B : No, it's not.
W: Then, <u>look</u> under your bed.
B : Oh, you're right. It's here!

소년: 엄마, 제 영어책을 못 찾겠어요.
여자: 어제 그걸 어디에 놔두었니?
소년: 제 책상 위에 놓았다고 생각했는데, 거기에 없어요.
여자: 소파 위에 있을지도 모르겠구나.
소년: 아뇨, 그곳에도 없어요.
여자: 그러면, 네 침대 밑을 보렴.
소년: 아, 엄마 말씀이 맞아요. 여기 있네요!

---

## 17 정답 ②

What's wrong?

무슨 문제가 있니? / 무슨 일이
니?
lost 잃어버렸다
    (lose의 과거형)
watch 손목시계
Cheer up. 기운내. 힘내.

●듣기실력쑥 정답 ②

G : What's <u>wrong</u>?
B : I lost my <u>watch</u> today.
G : Oh no! Where did you <u>lose</u> it?
B : At school.
G : _____

소녀: 무슨 문제 있니?
소년: 오늘 손목시계를 잃어버렸어.
소녀: 오, 저런! 어디서 그것을 잃어버렸니?
소년: 학교에서.
소녀: _____

① 기운내.
② 잘됐다.
③ 그것 참 안됐다.
④ 그 말을 들어서 유감이야.

watch ▶

| 정답과 단어 | 듣기대본 | 우리말 해석 |
|---|---|---|
| **18** 정답 ② <br> bought 샀다 <br> (buy의 과거형) <br> department store 백화점 | G : Hi, John. You look <u>nice</u> today. <br> B : Thank you. <br> G : <u>Did</u> you buy a new T-shirt? <br> B : Yes, I did. I bought it <u>yesterday</u>. <br> G : I like the <u>color</u>. Where did you buy it? <br> **B : At a department store.** | 소녀: 안녕, John. 오늘 멋지다. <br> 소년: 고마워. <br> 소녀: 새로운 티셔츠를 샀니? <br> 소년: 응. 어제 그것을 샀어. <br> 소녀: 색깔이 마음에 든다. 어디서 그것을 샀니? <br> **소년: 백화점에서.** <br><br> ① 나도 네 셔츠가 마음에 들어. <br> ② 백화점에서. <br> ③ 색상이 마음에 들었기 때문이야. <br> ④ 너도 멋있어 보인다. |

●듣기실력쑥 정답 ④

| | | |
|---|---|---|
| **19** 정답 ④ <br> drink 마시다 <br> expensive 비싼 <br> across 건너서 <br> street 길 | G : It's so <u>hot</u> today. <br> B : Yes, it is. I want something <u>to</u> <u>drink</u>. <br> G : Let's go and <u>buy</u> some orange juice. <br> B : <u>Sounds</u> <u>good</u>. Where is the supermarket? <br> **G : It's across the street.** <br><br> expensive ▶ | 소녀: 오늘 정말 덥다. <br> 소년: 응, 그렇다. 뭔가 마시고 싶어. <br> 소녀: 가서 오렌지 주스를 사자. <br> 소년: 좋은 생각이야. 슈퍼마켓이 어디 있니? <br> **소녀: 그것은 길 건너편에 있어.** <br><br> ① 그것은 집에 있어. <br> ② 그것은 내 가방 안에 있어. <br> ③ 그것은 매우 비싸. <br> ④ 그것은 길 건너편에 있어. |

●듣기실력쑥 정답 ②

| | | |
|---|---|---|
| **20** 정답 ① <br> look tired 피곤해 보이다 <br> sleepy 졸린 <br> interesting 재미있는 <br> heavy 무거운 | G : You look tired <u>today</u>, Mike. <br> B : Yes I am. I'm very <u>sleepy</u> right now. <br> G : What did you do last night? <br> B : I read a book. <br> G : Was the book <u>interesting</u>? <br> **B : Yes, I liked it.** <br><br> ◀ sleepy | 소녀: Mike, 너 오늘 피곤해 보인다. <br> 소년: 맞아. 난 지금 매우 졸려. <br> 소녀: 어젯밤에 무엇을 했니? <br> 소년: 책을 읽었어. <br> 소녀: 그 책은 재미있었니? <br> **소년: 응, 나는 그것이 좋았어.** <br><br> ① 응, 나는 그것이 좋았어. <br> ② 아니, 너무 늦었어. <br> ③ 응, 그것은 무거웠어. <br> ④ 아니, 넌 그것을 읽을 수 없어. |

●듣기실력쑥 정답 ③

## step2 낱말받아쓰기 정답 본문 90쪽

| 학습<br>예정일 | / | 실제<br>학습일 | / | 부모님<br>확인란 | | 맞은<br>개수 | |
|---|---|---|---|---|---|---|---|

1  look/ look for
  보다/ ~을 찾다

2  live/ live in
  살다/ ~에 살다

3  party/ throw a party
  파티/ 파티를 열다

▲ party

4  forget/ forget to
  잊어버리다/ ~할 것을 잊어버리다

5  now/ right now
  지금/ 지금 당장

6  grow/ grow up
  커지다, 자라다/ 성장하다

7  have/ have lunch
  가지다, 먹다/ 점심을 먹다

8  what/ What's up?
  무엇/ 무슨 일 있니?

9  get/ get to
  얻다/ ~에 도착하다

10  hold/ Hold on.
  잡다/ (전화 상에서) 기다려.

11  care/ take care of ~
  돌봄, 보살핌/ ~을 돌보다

12  careful/ Be careful.
  조심하는, 주의깊은/ 조심하렴.

13  picnic/ go on a picnic
  소풍/ 소풍을 가다

14  lose/ lose the way
  잃어버리다/ 길을 잃어버리다

15  interesting/ Sounds interesting.
  흥미로운, 재미있는/ 재미있겠다.

## step3 통문장받아쓰기 정답 본문 91쪽

| 학습<br>예정일 | / | 실제<br>학습일 | / | 부모님<br>확인란 | | 맞은<br>개수 | |
|---|---|---|---|---|---|---|---|

1  A: How much is it?
  A: 이것은 얼마인가요?

  B: Ten dollars.
  B: 10달러입니다.

2  A: Can you come to my birthday party?
  A: 너 내 생일 파티에 올 수 있니?

  B: Well, I'm not sure.
  B: 글쎄, 확실하지 않아.

3  A: Did you do your homework?
  A: 네 숙제 했니?

  B: Yes, but I forgot to bring it.
  B: 네, 하지만 그것을 가져오는 것을 잊어버렸어요.

4  A: I'll be late today.
  A: 나는 오늘 늦을 거야.

  B: Okay. What's up?
  B: 알았어. 무슨 일이야?

5  A: Can I borrow your book?
  A: 네 책을 빌릴 수 있을까?

  B: Yes, I'll give it to you on Sunday.
  B: 그래, 일요일에 네게 줄게.

6  A: Can I help you?
  A: 도와드릴까요?

  B: Yes, please. How do I get to City Hall?
  B: 네, 그래주세요. 제가 시청에 어떻게 갈 수 있나요?

7  A: What are you doing tomorrow?
  A: 너 내일 뭐해?

  B: I'm going to take care of my sister.
  B: 나는 내 여동생을 돌볼 거야.

8  A: I'm so sorry.
  A: 정말 죄송해요.

  B: That's OK. Be careful next time.
  B: 괜찮아. 다음 번에는 조심하렴.

9  A: What did you do on the weekend?
  A: 너는 주말에 뭐했니?

  B: I went on a picnic with my family.
  B: 나는 나의 가족들과 소풍을 갔어.

10  A: It's so hot today.
  A: 오늘은 무척 덥다.

  B: Yes, it is.
  B: 응.

| 학습예정일 | 월 일 | 실제학습일 | 월 일 | 부모님확인란 | | 점수 | |
|---|---|---|---|---|---|---|---|

---

**정답과 단어** | **듣기대본** | **우리말 해석**

## 1 정답 ②

borrow 빌리다
scissors 가위
in front of ~의 앞에

① W: Do you want some <u>more</u>?
② W: May I <u>borrow</u> your scissors?
③ W: You should finish your <u>homework</u>.
④ W: You can use the pencil in <u>front</u> of you.

① 여자: 좀 더 원하시나요?
② 여자: 당신의 가위를 빌릴 수 있을까요?
③ 여자: 넌 숙제를 끝내야 해.
④ 여자: 당신은 앞에 있는 연필을 사용하실 수 있습니다.

---

## 2 정답 ②

gift 선물
sneakers 운동화
already 이미, 벌써
soccer shoes 축구화
discount 할인

● 듣기실력쑥 정답 ③

M: Shoes Mart! May I help you?
W: Yes, I want to buy a <u>gift</u> for my son.
M: How about these Iron Man character sneakers?
W: He <u>already</u> has those. How much are these soccer shoes?
M: They're 50 dollars, but I can give you a five-dollar <u>discount</u>.
W: Okay, I'll take them.

남자: 신발 마트입니다! 도와드릴까요?
여자: 네, 제 아들을 위한 선물을 사고 싶어요.
남자: 아이언맨 캐릭터가 있는 이 운동화는 어떠신가요?
여자: 그건 이미 가지고 있어요. 이 축구화는 얼마인가요?
남자: 50달러입니다만, 5달러를 할인해 드릴 수 있습니다.
여자: 좋아요. 그걸로 가져갈게요.

---

## 3 정답 ②

post office 우체국
bus stop 버스 정류장
straight 똑바로, 곧장
next to ~의 옆에
miss 놓치다

● 듣기실력쑥 정답
Go straight and turn right at the bus stop. It's on your left.

B : Excuse me. Do you know where the <u>post office</u> is?
G : The post office? Do you see the <u>bus stop</u> there?
B : Yes. I see it.
G : Go straight and turn <u>right</u> at the bus stop.
B : Okay.
G : Then go straight again. It's on your left <u>next to</u> the hospital. You can't miss it.
B : Thank you.

소년: 실례합니다. 우체국이 어디 있는지 아세요?
소녀: 우체국이요? 저기 버스 정류장 보이세요?
소년: 네. 보입니다.
소녀: 쭉 가셔서 버스 정류장에서 오른쪽으로 도세요.
소년: 알겠습니다.
소녀: 그 다음 다시 쭉 가세요. 그것은 병원 옆에 당신의 왼쪽에 있습니다. 쉽게 찾으실 거예요.
소년: 고맙습니다.

---

## 4 정답 ③

go to bed 잠자리에 들다, 자다
math test 수학 시험
finish 끝내다, 마치다
study 공부하다
sleep 잠, 수면
before ~전에
cram 벼락치기 공부하다

W: It's time to go to <u>bed</u>.
B : I have a math <u>test</u> tomorrow.
W: Didn't you finish <u>studying</u> for the test yet?
B : Not yet.
W: It's already ten forty. I think you need to get some <u>sleep</u> before the test.
B : Okay. I'll go to bed.
W: And don't cram next time.
B : Got it.

여자: 잠자리에 들 시간이다.
소년: 내일 수학 시험이 있어요.
여자: 시험을 위한 공부를 아직 끝내지 않았니?
소년: 아직 못했어요.
여자: 벌써 10시 40분이야. 내 생각엔 네가 시험 전에 좀 자야 할 것 같은데.
소년: 알겠어요. 자러 갈게요.
여자: 그리고 다음 번엔 벼락치기 공부를 하지 말거라.
소년: 알겠어요.

◀ sleep

## 5  정답 ②

find        찾다
describe    묘사하다
hair        털, 머리카락
tiny        아주 작은
look around 주위를 둘러보다
address     주소

● 듣기실력쑥 정답 1. ①.  2. ③

G : Sir, can you help me? I can't <u>find</u> my cat.
M : Oh, I'm sorry. Can you describe your cat?
G : My cat has <u>long gray</u> hair.
M : And?
G : Her ears are <u>tiny</u>.
M : Long gray hair and tiny ears. I'll look around the apartment grounds. What's your address?
G : 105-702.

소녀: 아저씨, 저를 도와주실 수 있나요? 제 고양이를 찾을 수가 없어요.
남자: 오, 안됐구나. 네 고양이에 대해서 나에게 묘사해 주겠니?
소녀: 제 고양이는 회색 긴 털을 가지고 있어요.
남자: 그리고?
소녀: 그녀의 귀는 아주 작아요.
남자: 회색 긴 털과 아주 작은 귀라. 아파트 주변을 둘러보마. 네 주소가 뭐니?
소녀: 105동 702호요.

---

## 6  정답 ③

go bowling    볼링 치러 가다
join          함께 하다
be good at    ～을 잘하다
be interested in
              ～에 흥미가 있다
teach         가르치다

B : I go <u>bowling</u> every Saturday. Would you like to join me?
G : I'm sorry. I'm not <u>good</u> at bowling.
B : What kind of sports do you do?
G : Actually I do yoga every day.
B : Wow, I'm <u>interested</u> in yoga, too. Can you teach me?
G : <u>Sure</u>.

소년: 난 매주 토요일에 볼링을 치러가. 나랑 함께 갈래?
소녀: 미안. 난 볼링을 잘 못 쳐.
소년: 넌 어떤 종류의 운동을 하니?
소녀: 사실 난 매일 요가를 해.
소년: 와, 나도 요가에 관심 있어. 나에게 가르쳐 줄 수 있니?
소녀: 물론이지.

---

## 7  정답 ③

What's up? 무슨 일이야?
phone number
              전화 번호
something  무엇인가
ask        묻다, 질문하다
wait       기다리다

● 듣기실력쑥 정답 This

(Telephone rings.)
G : Hello.
B : Hello, Miho. <u>This</u> <u>is</u> Chris.
G : Hi, Chris. What's up?
B : Do you know Charlie's phone number? I have something to <u>ask</u> him.
G : Yes. Wait a <u>second</u>. It's 233-2275.
B : 233-2257?
G : No, it's 2275.
B : I see. Thanks a lot.

(전화벨이 울린다.)
소녀: 여보세요.
소년: 여보세요, 미호야. 나 Chris야.
소녀: 안녕, Chris. 무슨 일이야?
소년: 너 Charlie의 전화 번호 아니? 그에게 물어볼 게 좀 있는데.
소녀: 그래. 잠시만. 233-2275야.
소년: 233-2257?
소녀: 아니, 2275라고.
소년: 알겠어. 매우 고마워.

---

## 8  정답 ③

pack         싸다, 꾸리다
go camping   캠핑 가다
humid        습한
weather      날씨
prefer       더 좋아하다
stay         머무르다
autumn       가을
dry          건조한

M : Cindy. <u>Pack</u> your stuff. We're going camping tomorrow.
G : Dad, do I have to go? I don't like hot and humid weather.
M : You can <u>swim</u> in the river there.
G : I know, but I <u>prefer</u> staying at home during summer.
M : I didn't know that.
G : I like autumn. I feel good because it's cool and dry.

남자: Cindy. 네 짐을 싸라. 우리 내일 캠핑 갈 거야.
소녀: 아빠, 저 꼭 가야 해요? 전 덥고 습한 날씨가 싫어요.
남자: 거기 강에서 수영할 수 있어.
소녀: 알지만, 전 여름에 집에 있는 게 더 좋아요.
남자: 그건 몰랐네.
소녀: 전 가을이 좋다고요. 시원하고 건조해서 기분이 좋아요.

---

## 9  정답 ②

introduce    소개하다
make friends
             친구를 사귀다

● 듣기실력쑥 정답
Let me introduce myself.
My name is Tom. I'm from
Canada.

B : Let me <u>introduce</u> myself. My name is Michael. I'm <u>from</u> New Zealand. I have a family of four; father, mother, older brother and me. I love playing soccer. I want to make <u>friends</u> with you. Glad to meet you.

소년: 여러분께 제 소개를 하겠습니다. 제 이름은 Michael이에요. 저는 뉴질랜드에서 왔습니다. 저의 가족은 아버지, 어머니, 형, 그리고 저 4명입니다. 저는 축구하는 것을 매우 좋아합니다. 저는 여러분들과 친구가 되고 싶습니다. 만나서 반갑습니다.

| 정답과 단어 | 듣기대본 | 우리말 해석 |
|---|---|---|

## 10 정답 ④

busy 바쁜
comic book 만화책
bathroom 욕실, 화장실
rubber gloves
　　　　고무 장갑
cupboard (부엌) 찬장
shelf 선반

M: Megan, are you busy?
G: No, I'm just reading a comic book. Why?
M: I'm cleaning the bathroom, and I need rubber gloves.
G: Okay, I'll get you the gloves. Where are they?
M: They are on the cupboard shelf.

남자: Megan, 너 바쁘니?
소녀: 아니요. 그냥 만화책 읽고 있어요. 왜요?
남자: 나 욕실을 청소하고 있는데, 고무 장갑이 필요하구나.
소녀: 알았어요. 장갑 가져다 드릴게요. 그것들 어디 있어요?
남자: 그것들은 찬장선반 위에 있단다.

## 11 정답 ③

clean 청소하다
go inline skating
　　인라인 스케이트
　　타러 가다
after ~후에
o'clock 정각
place 장소, 곳

(Telephone rings.)
G: Hello.
B: Hi, Kristen. This is Ben. What are you doing?
G: I was cleaning my room.
B: I'm going inline skating after lunch. Want to go?
G: Good. What time?
B: Let's meet at two o'clock. I'll go to your place.
G: Okay. See you then.

(전화벨이 울린다.)
소녀: 여보세요.
소년: 안녕, Kristen. 나 Ben이야. 뭐하고 있니?
소녀: 내 방 청소하고 있었어.
소년: 나 점심 먹고 인라인 스케이트 타러 갈 건데. 가고 싶니?
소녀: 좋지. 몇 시에?
소년: 2시에 만나자. 내가 너네 집으로 갈게.
소녀: 좋아. 그때 보자.

## 12 정답 ②

mittens 벙어리 장갑

● 듣기실력쑥 정답 under. next

B: Where are my mittens?
G: Your mittens? They are on the chair next to your desk.
B: Oh, I see them. Thanks.

소년: 내 벙어리 장갑 어디 있어?
소녀: 네 벙어리 장갑? 그것들은 네 책상 옆에 있는 의자 위에 있어.
소년: 아, 나는 그것들을 봤어. 고마워.

## 13 정답 ③

cornfield 옥수수 밭
pick 따다, 줍다
by hand 손으로
harvest 수확, 추수

● 듣기실력쑥 정답 ②-③-①

B: I visited my grandfather last Saturday. He has a large cornfield. I helped him pick corn by hand. After the harvest, we ate a lot of corn and watched TV together. We had a really good time. I'll visit him again soon.

소년: 나는 지난 토요일에 나의 할아버지를 방문했다. 할아버지는 넓은 옥수수 밭을 가지고 계신다. 나는 그가 손으로 옥수수를 따는 것을 도왔다. 수확 후에, 우리는 옥수수를 많이 먹었고 함께 TV를 보았다. 우리는 정말로 좋은 시간을 보냈다. 나는 그를 곧 다시 방문할 것이다.

## 14 정답 ①

watch out 조심하다
rock 돌, 바위
van 화물차, 밴
order 주문하다

① G: Watch out! There's a rock in front of you!
② G: I want a bigger one, please.
③ G: Let's run to the ice cream van!
④ G: That's not the one I ordered.

① 소녀: 조심해! 네 앞에 돌이 있어!
② 소녀: 난 더 큰 것으로 주세요.
③ 소녀: 아이스크림 차로 뛰어 가자!
④ 소녀: 그건 제가 주문한 것이 아닙니다.

## 15 정답 ③

laptop 휴대용(노트북) 컴퓨터
lent 빌려주었다 (lend의 과거형)
check 확인하다, 점검하다
use 사용하다
presentation 발표, 프리젠테이션

● 듣기실력쑥 정답 ②

B: Tina, where is my laptop that I lent you?
G: It's on my desk.
B: I already checked your room, but it wasn't there.
G: Well, let me think.
B: I'm late. Hurry!
G: I used it in my presentation at school. Oh! I left it in mom's car.
B: Okay.

소년: Tina, 내가 너에게 빌려주었던 노트북 컴퓨터 어디 있어?
소녀: 그거 내 책상 위에 있어.
소년: 나 벌써 네 방 확인해봤는데, 거기 없었어.
소녀: 음, 생각 좀 해볼게.
소년: 나 늦었어. 서둘러!
소녀: 나 그걸 학교에서 발표할 때 썼는데. 오! 나 그걸 엄마 차 안에 놓고 왔어.
소년: 알았어.

## 16 정답 ③

best-selling
　　　　　가장 잘 팔리는
Play-Doh　플레이도, 놀이 찰흙
price　　가격

● 듣기실력쑥 정답
하나 가격에 두 개를 주기 때문에 / 로봇에 비해 가격이 싸기 때문에

M : May I help you?
G : Yes, please. How much is this robot?
M : It's a best-selling item. It's thirty-five dollars.
G : Hmm. How much is that Play-Doh?
M : It's 15 dollars. Plus, we'll give you two for the price of one.
G : That's nice. I'll take the Play-Doh.

남자: 도와드릴까요?
소녀: 네. 이 로봇 얼마인가요?
남자: 그건 제일 잘 팔리는 물건입니다. 35달러예요.
소녀: 음. 저 플레이도는 얼마죠?
남자: 그건 15달러입니다. 게다가, 하나 가격에 두 개를 드려요.
소녀: 좋군요. 플레이도로 가져갈게요.

---

## 17 정답 ④

do one's homework
　　　　　숙제를 하다
cook　　요리하다

B : What are you doing?
① G : I'm eating some snacks.
② G : I'm doing my homework.
③ G : I'm cooking for my mom.
④ G : I'm doing good. How about you?

소년: 너 뭐하고 있니?
① 소녀: 나 간식 먹고 있어.
② 소녀: 나 숙제 하고 있어.
③ 소녀: 나 엄마를 위해 요리하고 있어.
④ 소녀: 나 잘 지내. 넌 어떠니?

---

## 18 정답 ④

Speaking. (전화상에서) 접니다.
be going to ~할 것이다
bicycle　자전거
meet　　만나다
next time 다음에

(Telephone rings.)
B : Hello?
G : Hello. This is Sue. Is Kevin there?
B : Speaking.
G : Kevin, what are you going to do this afternoon? Let's go bicycling.
B : That sounds good. Where do you want to meet?
**G : Let's meet at the Lake Park at three.**

(전화벨이 울린다.)
소년: 여보세요?
소녀: 여보세요. 저 Sue인데요. Kevin 있나요?
소년: 나야.
소녀: Kevin, 오늘 오후에 뭐할 거야? 자전거 타러 가자.
소년: 좋아. 어디서 만날래?
**소녀: 3시에 호수공원에서 만나자.**

① 거기에서 보자.
② 그럼 다음에 만나자.
③ 아침 8시 정각에.
④ 3시에 호수공원에서 만나자.

---

## 19 정답 ①

playground 운동장
after school 방과 후
sick　　아픈
feel well 건강 상태가 좋다
That's too bad.
　　　　　그것 참 안됐다.
　　　　　유감이다.

G : Minsu, let's play in the playground after school.
B : I'd like to, but I can't.
G : Are you okay? Are you sick?
B : I'm not feeling well.
**G : That's too bad.**

소녀: 민수야. 방과 후에 운동장에서 놀자.
소년: 그러고 싶지만 그럴 수 없어.
소녀: 너 괜찮아? 아픈 거야?
소년: 컨디션이 별로 좋지 않아.
**소녀: 그것 참 안됐다.**

① 그것 참 안됐다.
② 난 괜찮아. 고마워.
③ 걱정하지마. 그녀는 괜찮을 거야.
④ 나 내일 진료받으러 갈 거야.

● 듣기실력쑥 정답 ③

---

## 20 정답 ①

school vacation
　　　　　학교 방학
July　　7월
How long ~?
　　　　　(길이/시간) 얼마나 ~?
month　달, 개월
during　~동안

B : When is your school vacation?
G : It's July 23rd.
B : So, what are you going to do during the vacation?
**G : I'm going to learn the guitar.**

소년: 너희 학교 방학은 언제니?
소녀: 7월 23일이야.
소년: 그럼, 방학 동안 너 뭘 할 거니?
**소녀: 기타를 배울 거야.**

① 기타를 배울 거야.
② 내 방학은 너무 짧아.
③ 방학은 이미 끝났어.
④ 우린 지금 도서관에 갈 거야.

● 듣기실력쑥 정답 O. O. X

## step2 낱말받아쓰기 정답 본문 102쪽

복습합시다!

| 학습<br>예정일 | / | 실제<br>학습일 | / | 부모님<br>확인란 | | 맞은<br>개수 | |
|---|---|---|---|---|---|---|---|

1  front/ in front of
앞/ ～의 앞에

2  discount/ get a discount
할인/ 할인을 받다

3  bed/ go to bed
침대/ 자러가다

4  look/ look around
보다/ 주위를 둘러보다

5  good/ be good at
좋은/ ～을 잘하다

6  interested/ be interested in
흥미 있어 하는/ ～에 흥미가 있다

7  second/ Wait a second.
잠시, 초/ 잠시만 기다려봐.

8  friend/ make friends
친구/ 친구를 사귀다

9  busy/ be busy -ing
바쁜/ ～하느라 바쁘다

10  pick / pick up
줍다, 따다/ ～를 (차에) 태우러 가다

11  watch/ Watch out.
보다/ 조심해.

12  check/ check out
확인하다, 점검하다/ 조사하다, 판명되다

13  homework/ do one's homework
숙제/ 숙제를 하다

14  bicycle/ go bicycling
자전거/ 자전거 타러 가다

15  after/ after school
～후에/ 방과 후

## step3 통문장받아쓰기 정답 본문 103쪽

복습합시다!

| 학습<br>예정일 | / | 실제<br>학습일 | / | 부모님<br>확인란 | | 맞은<br>개수 | |
|---|---|---|---|---|---|---|---|

1  A: Where is my book?
A: 내 책 어딨어?

　 B: It's in front of you.
B: 그것은 네 앞에 있어.

2  A: What time do you go to bed?
A: 너는 몇 시에 자니?

　 B: Around 10.
B: 10시 경에.

3  A: Do you want to go bowling?
A: 너 볼링치러 갈래?

　 B: No, I don't. I am not good at it.
B: 아니, 별로. 나는 그것을 잘 하지 못해.

4  A: I do yoga every day.
A: 나는 매일 요가를 해.

　 B: Wow, I'm interested in yoga.
B: 와, 나는 요가에 관심이 있어.

5  A: Do you know Mina's number?
A: 너 미나의 전화 번호 아니?

　 B: Wait a second.
B: 잠깐만 기다려봐.

6  A: Are you busy?
A: 너 바쁘니?

　 B: No, not really.
B: 아니, 그렇진 않아.

7  A: Watch out! There's a rock in front of you!
A: 조심해! 네 앞에 돌이 있어!

　 B: Thanks a lot.
B: 고마워.

8  A: Did you do your homework?
A: 너 숙제 했니?

　 B: Yes, I did.
B: 네, 했어요.

9  A: This is Sue. Is Kevin there?
A: Sue입니다. Kevin 있나요?

　 B: Speaking.
B: 나야.

10  A: I'm not feeling well.
A: 나는 몸이 별로 안 좋아.

　 B: That's too bad.
B: 그것 참 안됐다.

# 6학년 영어듣기 모의고사 정답과 해석

본문 104~113쪽

| 학습예정일 | 월  일 | 실제학습일 | 월  일 | 부모님확인란 | 점수 |
|---|---|---|---|---|---|

## 정답과 단어 | 듣기대본 | 우리말 해석

**1** 정답 ④

wait for ~를 기다리다
somewhere 어딘가에
gym 체육관

G : Hi, Bob. What are you <u>doing</u> here?
B : I'm <u>waiting for</u> my friend.
G : Are you going <u>somewhere</u> with your friend?
B : Yes. We are going to the <u>gym</u>.

소녀: 안녕, Bob. 여기서 뭐하니?
소녀: 난 내 친구를 기다리고 있어.
소녀: 넌 네 친구와 함께 어딘가에 가는 거야?
소녀: 응. 우리는 체육관에 갈 거야.

---

**2** 정답 ④

kind 종류
lily 백합
only ~밖에, 오직

W: Hello. May I help you?
B : Yes, I want to buy <u>flowers</u> for my <u>grandmother</u>.
W: Okay. What kind of flowers does she like?
B : She likes <u>roses</u> and <u>lilies</u>.
W: Sorry, we <u>only</u> have roses today.
B : Okay. I want five of them, please.

여자: 안녕하세요. 도와 드릴까요?
소년: 네, 전 제 할머니를 위한 꽃을 사고 싶어요.
여자: 알겠습니다. 그녀는 어떤 종류의 꽃을 좋아하시나요?
소년: 그녀는 장미와 백합을 좋아하세요.
여자: 죄송합니다. 오늘은 오직 장미밖에 없어요.
소년: 알았어요. 전 (그것들) 다섯 송이를 원해요.

---

**3** 정답 ②

be ready 준비가 되다
get 가져오다

● 듣기실력쑥 정답
(The car key is) On the table.

W: Are you <u>ready</u> to go, Minho?
B : Yes, I'm ready.
W: I'll drive your father's car today.
B : Okay. Let's go.
W: Oh, the car key is <u>on</u> the <u>table</u>. Can you <u>get</u> it for <u>me</u>?
B : Sure.

여자: 갈 준비가 되었니, 민호야?
소년: 네, 전 준비되었어요.
여자: 난 오늘 네 아빠 차를 운전할 거야.
소년: 알았어요. 우리 가요.
여자: 아, 차 키가 탁자 위에 있어. 내게 그것을 좀 가져다 주겠니?
소년: 물론이죠.

---

**4** 정답 ②

summer vacation 여름 방학
be excited 신이 나다, 들뜨다
leave 떠나다

● 듣기실력쑥 정답 ②

B : <u>Summer</u> vacation starts tomorrow.
G : Yes. I'm so <u>excited</u>.
B : Me, too. I'm going to Hong Kong. What about you?
G : I'm going to Tokyo with my <u>parents</u>.
B : That sounds great. When are you <u>leaving</u>?
G : I'm leaving <u>next week</u>.

소년: 여름 방학이 내일 시작해.
소녀: 응. 난 무척 신이나.
소년: 나도 그래. 나는 홍콩에 가. 넌?
소녀: 난 부모님과 도쿄에 갈 거야.
소년: 그거 좋겠다. 넌 언제 떠나?
소녀: 난 다음 주에 떠나.

---

**5** 정답 ④

What's wrong? 무슨 일 있니?
lost 잃어버렸다 (lose의 과거형)
wear 입다

● 듣기실력쑥 정답 long, short

B : <u>What's wrong</u>?
G : I bought a doll for my sister, but I <u>lost</u> it.
B : Oh, that's too bad. Let's find it together.
G : Thanks. It's a princess doll. It has <u>long</u> hair.
B : And?
G : It is <u>wearing</u> a short <u>dress</u>.

소년: 무슨 일 있니?
소녀: 난 내 여동생을 위해 인형을 샀는데, 그것을 잃어버렸어.
소년: 아, 그것 참 안됐다. 우리 그것을 함께 찾아보자.
소녀: 고마워. 그것은 공주 인형이야. 그것은 긴 머리를 가지고 있어.
소년: 그리고?
소녀: 그것은 짧은 드레스를 입고 있어.

| 정답과 단어 | 듣기대본 | 우리말 해석 |
|---|---|---|

**6** 정답 ①

sunny 화창한
take a walk 산책하다

● 듣기실력쑥 정답
   sitting. on

B : It's very sunny today. How about taking a walk in the park?
G : I'm sorry, but I don't want to go.
B : Why?
G : I'm very tired. Let's just sit on the bench.
B : Okay. I will sit with you.

소년: 오늘 정말 날씨가 화창하다. 우리 공원에서 산책하는 것은 어때?
소녀: 미안한데, 난 가고 싶지가 않아.
소년: 왜?
소녀: 난 너무 피곤해. 우리 그냥 벤치에 앉자.
소년: 알았어. 내가 너랑 앉아 있을게.

---

**7** 정답 ②

picture 사진
little sister[brother] 여동생[남동생]
older brother 형, 오빠

B : Who is the girl in this picture?
G : That's my little sister. I have one little sister and one little brother.
B : I have only one older brother.
G : I see.

소년: 이 사진에서 이 여자 아이는 누구야?
소녀: 그녀는 내 여동생이야. 난 여동생 한 명과 남동생 한 명이 있어.
소년: 난 오직 형 한 명만 있어.
소녀: 그렇구나.

---

**8** 정답 ③

for dinner 저녁으로
garlic 마늘
onion 양파
grocery store 식품점

● 듣기실력쑥 정답
   Let's make pasta for dinner.

M: Let's make pasta for dinner.
W: Okay. Do you have tomatoes?
M: Yes. I also have garlic and ham.
W: Good. How about onions?
M: Oh, I don't have any now.
W: That's okay. Let's go to the grocery store. We need onions.

남자: 우리 저녁으로 파스타를 만들자.
여자: 알았어. 너 토마토는 있니?
남자: 응. 난 또한 마늘이랑 햄도 있어.
여자: 좋아. 양파는?
남자: 아, 난 지금 그것들이 없어.
여자: 괜찮아. 우리 식품점에 가자. 우리는 양파가 필요해.

---

**9** 정답 ②

go on a picnic 소풍 가다
all day long 온 종일
cousin 사촌

● 듣기실력쑥 정답
   rained

B : Hi, Julie. Did you go on a picnic with your family yesterday?
G : No, I didn't. It rained all day long yesterday.
B : Oh, that's right.
G : So we had a nice dinner at a Chinese restaurant yesterday. How about you?
B : I played basketball with my cousins at a gym.

소년: 안녕, Julie. 넌 어제 가족들과 소풍을 갔었니?
소녀: 아니, 가지 않았어. 어제 온 종일 비가 왔거든.
소년: 아, 그래 맞다.
소녀: 그래서 우리는 어제 중국 음식점에서 근사한 저녁식사를 먹었어. 넌 어때?
소년: 난 체육관에서 사촌들과 농구를 했어.

---

**10** 정답 ③

sunny 화창한
over there 저쪽으로, 저기에
bring 가져오다
Wait a minute. 잠깐만 기다려.

G : Wow! It's a sunny day.
B : Yes, it is. Let's sit over there.
G : Okay. Did you bring badminton rackets today?
B : Yes. I also have a soccer ball. Let's have lunch first.
G : Wait a minute. Where is my lunch box? It's not here.

소녀: 왜! 화창한 날이다.
소년: 응, 그러네. 우리 저기에 앉자.
소녀: 알았어. 너 오늘 배드민턴 라켓 가지고 왔니?
소년: 응. 난 또한 축구공도 있어. 우리 먼저 점심부터 먹자.
소녀: 잠깐만 기다려봐. 내 점심 도시락이 어디에 있지? 그것이 여기에 없어.

---

**11** 정답 ①

ma'am (여성을 정중히 부르는 말로) 부인
corner 모퉁이
between 사이에

B : Excuse me, Ma'am. Where is Choi's Hospital?
W: Go straight and turn left at the first corner.
B : You mean turn left at that Italian restaurant over there?
W: Yes. Then go straight. It's between the school and the bank.
B : Thank you very much.

소년: 실례합니다, 부인. 최 병원이 어디에 있나요?
여자: 쭉 가시다가 첫 번째 모퉁이에서 좌회전 하세요.
소년: 저기 있는 저 이태리 음식점에서 좌회전 하라는 말씀이세요?
여자: 네. 그러고는 쭉 가세요. 그것은 학교와 은행 사이에 있어요.
소년: 정말 감사합니다.

| 정답과 단어 | 듣기대본 | 우리말 해석 |
|---|---|---|

## 12 정답 ③

bakery shop
　　　　　　빵집
write A B　A에게 B를 쓰다
　　　　　= write B to A

● 듣기실력쑥 정답
　wrote, to

G : Today was my dad's 55th <u>birthday</u>. I went to the <u>bakery</u> shop and bought a <u>cake</u>. And then I <u>wrote</u> him a birthday <u>card</u>. I love my dad.

소녀: 오늘은 우리 아빠의 55번째 **생신**이었다. 나는 빵집에 가서 케이크를 샀다. 그러고 나서 그분께 생일카드를 썼다. 나는 우리 아빠를 사랑한다.

---

## 13 정답 ③

put　두다, 놓다
　　　(put–put–put)
on the shelf 선반 위에

● 듣기실력쑥 정답
　under the chair

B : Where is my robot, Mom?
W: I <u>put</u> it on the <u>shelf</u>.
B : On the shelf? It's not <u>here</u>, Mom.
W: Well, maybe it's on the <u>carpet</u>.
B : Hmm... I've found it. It's <u>under</u> the chair.

소년: 내 로봇이 어디에 있어요, 엄마?
여자: 난 그것을 선반 위에 두었어.
소년: 선반 위에요? 여기에 없어요, 엄마.
여자: 그게, 아마도 그것은 카펫 위에 있나 보다.
소년: 음… 전 그것을 찾았어요. 그것은 의자 밑에 있어요.

---

## 14 정답 ①

clean one's room
　　　　　　～의 방을 청소하다
wash one's car
　　　　　　세차하다
go to bed　잠자리에 들다

● 듣기실력쑥 정답 ②

B : Last Sunday, I <u>cleaned</u> my <u>room</u>. Also, I helped my dad <u>wash</u> his car. I was very tired at night. So I <u>went</u> to <u>bed</u> early.

소년: 지난 일요일에, 나는 내 **방**을 **청소했다**. 또한 나는 아빠가 세차하시는 것을 도왔다. 나는 밤에 무척 피곤했다. 그래서 나는 일찍 **잠자리에 들었다**.

---

## 15 정답 ③

nervous　초조해 하는, 불안
　　　　　해하는
have a test 시험이 있다
Oh my god! 오, 맙소사!

● 듣기실력쑥 정답
(It's / They have a science test) On Thursday.

G : I'm nervous now.
B : Why?
G : We have a science test <u>today</u>.
B : What? I <u>thought</u> it's on <u>Thursday</u>.
G : Yes. Today is Thursday. We have a science test today, and we have a <u>math</u> test tomorrow.
B : Oh my god! I thought today is <u>Wednesday</u>.

소녀: 난 지금 초조해.
소년: 왜?
소녀: **오늘** 우리 과학 시험이 있잖아.
소년: 뭐라고? 난 그것이 **목요일**에 있다고 **생각했는데**.
소녀: 그래. 오늘이 목요일이야. 오늘 우리는 과학 시험이 있고, 내일은 수학 시험이 있어.
소년: 오, 맙소사! 난 오늘이 수요일이라고 생각했어.

nervous ▶

---

## 16 정답 ④

speaking (전화에서)
　　　　　저예요
busy　바쁜
stay　머물다
by　～까지

● 듣기실력쑥 정답
전화한 사람 ∨
전화 받은 사람 ∨

(Telephone rings.)
B : Hello. Can I speak to Jisun? This is Junhyun.
G : Yes, <u>speaking</u>.
B : Are you busy?
G : I'm <u>doing</u> my <u>homework</u> but it is okay.
B : Can you come to my birthday party <u>next</u> Friday?
G : Next Friday? I'm really sorry, but I'm going to my <u>uncle's house</u> next Wednesday and stay there until Friday.

(전화벨이 울린다.)
소년: 여보세요. 지선이와 통화할 수 있을까요? 저는 준현이에요.
소녀: 응, 나야.
소년: 바쁘니?
소녀: 난 숙제를 하고 있는 중이지만 괜찮아.
소년: 다음 주 금요일 날 내 생일 파티에 올 수 있어?
소녀: 다음 주 금요일? 정말 미안한데, 나는 다음 주 수요일 날 우리 삼촌 집에 가서 금요일까지 머물러.

---

## 17 정답 ②

go jogging 조깅을 하러 가다
stay at home
집에 있다, 머무르다
play a game
게임하다
pleasure 즐거움, 기쁨

M: It's raining. We can't go <u>jogging</u>.
W: I think we should <u>stay</u> at <u>home</u>.
M: Okay. What <u>should</u> we do at home?
W: _____

남자: 비가 와. 우리는 조깅을 하러 갈 수 없겠다.
여자: 내 생각에 우리는 집에 있어야 할 거 같아.
남자: 알았어. 우리는 집에서 무엇을 해야 할까?
여자: _____

① 난 비디오 게임을 하고 싶어.
② 제가 좋아서 한 건데요.
③ 우리 영화를 보자.
④ 난 잘 모르겠어.

---

## 18 정답 ④

No, not really.
아니, 특별한 일은 없어.
Will you ~? ~해 주시겠어요?
carry 나르다, 옮기다

● 듣기실력쑥 정답
help me carry this box

W: Are you <u>busy</u> now, James?
M: No, not <u>really</u>. Why?
W: <u>Will</u> you help me <u>carry</u> this box?
M: **Sure, I will.**

여자: 너 지금 바쁘니, James?
남자: 아니, 특별한 일은 없어. 왜?
여자: 이 상자를 나르는 것을 좀 도와줄래?
남자: **물론이지, 해 줄게.**

① 네, 해주세요. (공손한 부탁)
② 괜찮아.
③ 괜찮아. (사과나 감사에 대한 응답)
④ 물론이지, 해 줄게.

---

## 19 정답 ④

English version
영문판
How is it? 그것은 어때?
expensive 비싼
difficult 어려운

G: What are you <u>reading</u>?
B: I'm reading *Harry Potter*.
G: Are you reading the <u>English</u> <u>version</u> of *Harry Potter*?
B: Yes, I am.
G: <u>How</u> is it?
B: **It's difficult.**

소녀: 너 무엇을 읽고 있어?
소년: 난 '해리 포터'를 읽고 있어.
소녀: 넌 '해리 포터' 영문판을 읽고 있어?
소년: 응, 그래.
소녀: 그것은 어때?
소년: **이것은 어려워.**

① 이것은 오래되었어.
② 이것은 네 것이야.
③ 이것은 비싸.
④ 이것은 어려워.

◀ difficult

---

## 20 정답 ①

Let's go there.
거기에 가자.
a cup of ~ 한 잔
tired 피곤한
enough 충분한

● 듣기실력쑥 정답
cup of coffee

M: I'm <u>thirsty</u>. Let's drink something.
W: Oh, there is a coffee shop.
M: Let's go there.
W: What do you want to <u>drink</u>?
M: I want a <u>cup</u> <u>of</u> coffee. How about you?
W: **I want orange juice.**

남자: 나는 목말라. 뭐 좀 마시자.
여자: 오, 커피숍이 있다.
남자: 우리 거기에 가자.
여자: 넌 무엇을 마시고 싶어?
남자: 난 커피 한 잔을 원해. 너는 어때?
여자: **난 오렌지 주스를 원해.**

① 난 오렌지 주스를 원해.
② 난 피곤해.
③ 난 충분한 돈이 있어.
④ 정말 고마워.

## step2 낱말받아쓰기 정답 본문 114쪽 복습합시다!

| 학습<br>예정일 | / | 실제<br>학습일 | / | 부모님<br>확인란 | | 맞은<br>개수 | |
|---|---|---|---|---|---|---|---|

1  wait/ wait for
기다리다/ ~를 기다리다

2  ready/ be ready for
준비가 된/ ~할 준비가 되다

3  vacation/ summer vacation/ winter vacation
방학, 휴가/ 여름 방학/ 겨울 방학

4  wrong/ What's wrong with you?
잘못된/ 무슨 일 있니?

5  bad/ That's too bad.
안 좋은, 나쁜/ 그것 참 안됐다.

6  walk/ take a walk
걷다/ 산책하다

7  dinner/ for dinner
저녁/ 저녁으로

8  day/ all day long
하루/ 온 종일

9  minute/ Wait a minute.
분/ 잠깐만 기다려.

10  shelf/ on the shelf
선반/ 선반 위에

11  bed/ go to bed
침대/ 잠자리에 들다

12  god/ Oh my god!
신/ 오, 맙소사!

13  busy/ be busy -ing
바쁜/ ~ 하느라 바쁘다

14  home/ stay at home
집/ 집에 있다, 머무르다

15  version/ English version
판, 본/ 영문판

## step3 통문장받아쓰기 정답 본문 115쪽 복습합시다!

| 학습<br>예정일 | / | 실제<br>학습일 | / | 부모님<br>확인란 | | 맞은<br>개수 | |
|---|---|---|---|---|---|---|---|

1  A: Who are you waiting for?
A: 너 누구를 기다리니?
B: I am waiting for my friend.
B: 나는 내 친구를 기다리고 있어.

2  A: You look tired.
A: 너 피곤해보인다.
B: Yes, I am ready for bed.
B: 응, 난 잘 준비가 되었어.

3  A: Summer vacation is coming.
A: 여름방학이 다가오고 있어.
B: Yes. I'm so excited.
B: 응. 난 너무 신나.

4  A: I lost my cell phone.
A: 나 내 휴대전화를 잃어버렸어.
B: Oh, that's too bad.
B: 아, 그거 참 안됐다.

5  A: How about taking a walk?
A: 산책가는 게 어때?
B: Sounds good.
B: 좋아.

6  A: Let's make pasta for dinner.
A: 저녁으로 파스타를 만들자.
B: Okay.
B: 좋아.

7  A: Did you go on a picnic yesterday?
A: 너 어제 소풍갔었니?
B: No, I didn't.
B: 아니, 안갔어.

8  A: Let's have lunch first.
A: 점심부터 먹자.
B: Wait a minute.
B: 잠깐만 기다려.

9  A: Why didn't you answer my phone?
A: 너 전화 왜 안 받았니?
B: I went to bed early.
B: 나는 일찍 잠자리에 들었어.

10  A: Are you busy now?
A: 너 지금 바쁘니?
B: No, not really. Why?
B: 아니, 특별한 일은 없어. 왜?

| 정답과 단어 | 듣기대본 | 우리말 해석 |

## 1 정답 ②

How may I help you?

무엇을 도와 드릴까요?
airmail        항공우편

●듣기실력쑥 정답 ③

W: Hello. How may I help you?
B : I want to send this letter to Seattle.
W: Okay. Do you want to send it by airmail?
B : Yes, please. How much is it?
W: It's four dollars.

여자: 안녕하세요. 무엇을 도와 드릴까요?
소년: 전 이 편지를 시애틀로 보내고 싶어요.
여자: 알겠습니다. 당신은 이것을 항공우편으로 보내고 싶은가요?
소년: 네, 그렇게 해주세요. 그것은 얼마지요?
여자: 4달러입니다.

## 2 정답 ④

on Christmas
        크리스마스 날에
go skiing  스키 타러 가다
Sounds fun. 재미있겠다.
go to church
        교회에 가다

●듣기실력쑥 정답 ①, ③

B : What are you going to do on Christmas, Minji?
G : I'm going to visit my grandmother's house. Then I'm going to go skiing with my cousins.
B : Sounds fun.
G : How about you, Junseo? What are you going to do on Christmas?
B : I'm going to go to church with my family.

소년: 넌 크리스마스 날에 무엇을 할 거니, 민지야?
소녀: 난 할머니 댁을 방문할 거야. 그리고 나서 난 내 사촌들이랑 스키 타러 갈 거야.
소년: 재미있겠다.
소녀: 넌 어때, 준서야? 넌 크리스마스 날에 무엇을 할 거니?
소년: 난 가족들이랑 교회에 갈 거야.

## 3 정답 ②

have fun    즐겁게 보내다

●듣기실력쑥 정답
  going to (go to) Canada
  (this summer)

G : My aunt lives in Canada. So, I'm going to go to Canada this summer. Last summer, I went to my uncle's house. He lives in LA. I had so much fun there.

소녀: 나의 숙모는 캐나다에 사신다. 그래서 나는 이번 여름에 캐나다에 갈 것이다. 지난 여름에, 나는 삼촌 집에 갔었다. 그는 LA에 사신다. 나는 거기서 아주 즐거운 시간을 보냈다.

## 4 정답 ③

place      장소, 곳
next to    ~옆에

●듣기실력쑥 정답 next to

G : What is this place?
B : It is my grandmother's house.
G : What a nice house!
B : Yes, it really is. Look at the tree next to the house.
G : Wow! It is very big.
B : It is a very old tree.

소녀: 이 장소가 어디야?
소년: 이곳은 나의 할머니의 집이야.
소녀: 정말 좋은 집이다!
소년: 응, 정말 그래. 집 옆에 나무를 봐.
소녀: 와! 그것은 정말 크다.
소년: 그것은 아주 오래된 나무야.

## 5 정답 ①

on the floor  바닥 위에
near    근처에, 가까운
lamp    램프, 등

M: Do you know where my iPad is?
W: It's on the floor near the lamp.
M: Near the lamp? It's not here.
W: It's not there? Then look on the table.
M: Okay. Oh, here it is. It's in the box.

남자: 내 아이패드가 어디에 있는지 당신 알고 있어요?
여자: 그것은 램프 근처 바닥 위에 있어요.
남자: 램프 근처요? 그것은 여기에 없어요.
여자: 거기에 없다고요? 그럼 탁자 위를 보세요.
남자: 알았어요. 아, 여기에 있어요. 그것은 상자 안에 있어요.

## 6 정답 ②

meeting    모임, 회의
start at + 시간
         ~에 시작하다

● 듣기실력쑥 정답 two o'clock

B : Let's go to the Taekwondo club meeting. It starts at two o'clock.
G : Sorry, I can't go.
B : Why?
G : I have to go to the hospital. My friend is in the hospital now.
B : Okay. Please come to the meeting next week.

소년: 우리 태권도 동아리 모임에 가자. 그것은 2시에 시작해.
소녀: 미안해. 난 못 가.
소년: 왜?
소녀: 난 병원에 가야 해. 내 친구가 지금 병원에 있어.
소년: 알았어. 다음 주에 모임에 와줘.

---

## 7 정답 ③

what kind(s) of
         어떤 (종류의)
like    ~같은
giraffe    기린

● 듣기실력쑥 정답
   I went to the zoo.

B : What did you do on Sunday?
G : I went to Seoul Zoo with my family.
B : What kinds of animals are there?
G : There are many animals like giraffes, elephants, and monkeys.
B : Are there pandas? I like pandas a lot.
G : I didn't see any.

소년: 넌 일요일에 무엇을 했어?
소녀: 난 가족과 함께 서울 동물원에 갔었어.
소년: 거기에는 어떤 종류의 동물들이 있니?
소녀: 기린, 코끼리, 그리고 원숭이 같은 많은 동물들이 있어.
소년: 거기 팬더도 있니? 난 팬더를 아주 좋아해.
소녀: 나는 그것들은 못 봤어.

---

## 8 정답 ③

have a headache
머리가 아프다.
두통이 있다

● 듣기실력쑥 정답
   I have a headache.

W : Where are you, Ted?
B : I'm in my room.
W : It's three o'clock. You have a math lesson at four o'clock.
B : I can't go today, Mom.
W : Why?
B : I have a headache.

여자: 너 어디에 있니, Ted?
소년: 전 제 방 안에 있어요.
여자: 지금 3시야. 넌 4시에 수학 수업이 있잖아.
소년: 전 오늘 못 가요, 엄마.
여자: 왜?
소년: 전 머리가 아파요.

---

## 9 정답 ②

play the guitar/piano

기타/피아노를 연주하다
listen to music
         음악을 듣다

B : My family likes music. My dad plays the guitar. My mom can sing very well. My sister plays the piano. My brother likes to listen to music.

music ▶

소년: 나의 가족은 음악을 좋아한다. 우리 아빠는 기타를 연주하신다. 우리 엄마는 노래를 잘 부르신다. 내 여동생은 피아노를 친다. 내 남동생은 음악을 듣는 것을 좋아한다.

---

## 10 정답 ②

look for    ~을 찾다
put    두다, 놓다
under    ~아래에

● 듣기실력쑥 정답
   He is looking for his phone.

W : What are you looking for, Dongin?
B : I'm looking for my phone.
W : Where did you put it?
B : I put it on my desk, but it's not there.
W : Let's find it together. (pause) Oh, it's here.
B : Where is it?
W : It's under the bed.

look for ▶

여자: 무엇을 찾고 있니, 동인아?
소년: 전 제 전화기를 찾고 있어요.
여자: 넌 그것을 어디에다 두었니?
소년: 전 그것을 제 책상 위에 두었는데, 거기에 없어요.
여자: 우리 함께 찾아보자. (잠시 뒤) 아, 여기에 있네.
소년: 그것은 어디에 있어요?
여자: 그것은 침대 아래에 있어.

---

## 11 정답 ②

wash one's hands
         ~의 손을 씻다

● 듣기실력쑥 정답 It's Sunday.

G : Today is Sunday. I'm cleaning my room now. My hands are very dirty. I want to go to the bathroom and wash my hands.

소녀: 오늘은 일요일이다. 나는 지금 내 방을 청소하고 있다. 내 손은 너무 더럽다. 나는 화장실에 가서 손을 씻고 싶다.

## 12 정답 ④

have some food
　　　　음식을 먹다
order　주문하다
That's a good idea.
　　　　그거 좋은 생각이다.

● 듣기실력쑥 정답 ③

W: I'm hungry. Let's <u>have</u> some food.
M: Hmm… How about <u>ordering</u> jajangmyeon?
W: I don't like it. Let's order a pizza <u>from</u> Papa's Pizza Parlor.
M: That's a good <u>idea</u>. What is the <u>phone</u> number?
W: It's 359-9675.

여자: 난 배고파. 우리 음식을 좀 먹자.
남자: 음… 자장면을 주문하는 것은 어때?
여자: 난 그것을 좋아하지 않아. 우리 Papa 피자 가게에서 피자를 시키자.
남자: 그거 좋은 생각이다. 전화번호가 뭐야?
여자: 그것은 359-9675번이야.

## 13 정답 ③

cook　요리하다
wash the dishes

설거지하다, 그릇을 씻다

● 듣기실력쑥 정답 He goes to school at 8:30.

① B : I <u>cook</u> at 7 o'clock.
② B : I <u>wash</u> the <u>dishes</u> at 8 o'clock.
③ B : I eat <u>breakfast</u> at 7:30.
④ B : I go to school at 8:30.

cook ▶

① 소년: 난 7시에 요리를 한다.
② 소년: 난 8시에 설거지한다.
③ 소년: 난 7시 30분에 아침을 먹는다.
④ 소년: 난 8시 30분에 학교에 간다.

## 14 정답 ④

favorite　가장 좋아하는
movie star　영화 배우
round　동그란

● 듣기실력쑥 정답 ②

G : He's my <u>favorite</u> movie star. Isn't he handsome? He has <u>short</u> hair. He has a <u>round</u> face. He's <u>wearing</u> a necktie. He doesn't wear <u>sunglasses</u>.

소녀: 그는 내가 가장 좋아하는 영화배우야. 그는 잘생기지 않았니? 그는 짧은 머리를 가지고 있어. 그는 동그란 얼굴을 가지고 있어. 그는 넥타이를 매고 있어. 그는 선글라스는 끼지 않았어.

## 15 정답 ③

Long time no see.
　　　　오랜만이야.
summer vacation
　　　　여름 방학
travel　여행하다
during　~동안

● 듣기실력쑥 정답 ①

G : Hello, Brian. Long time no see.
B : Hi, Trisha. How was your summer vacation?
G : It was good. I <u>visited</u> my sister in China.
B : What did you do <u>with</u> your <u>sister</u>?
G : We <u>traveled</u> a lot. How about you?
B : I <u>studied</u> English <u>during</u> the summer.

소녀: 안녕, Brian. 오랜만이야.
소년: 안녕, Trisha. 여름 방학은 어땠어?
소녀: 좋았어. 난 중국에 있는 언니 집을 방문했어.
소년: 넌 언니랑 무엇을 했어?
소녀: 우리는 여행을 많이 했어. 넌 어때?
소년: 난 여름 동안 영어 공부했어.

## 16 정답 ②

Would you like to ~?
　　　　~ 하시겠어요?
How about ~?
　　　　~는 어떠세요?

● 듣기실력쑥 정답
　Would you like to order

M: Hello. Would you like to <u>order</u>?
W: Yes. Can I have one bacon sandwich, please?
M: I'm really sorry. We don't have bacon sandwiches <u>today</u>. <u>How</u> about a <u>chicken</u> sandwich?
W: Okay. <u>One</u> please.
M: That will be four dollars.

남자: 안녕하세요. 주문하시겠습니까?
여자: 네. 베이컨 샌드위치 하나 주시겠어요?
남자: 정말 죄송합니다. 우리는 오늘 베이컨 샌드위치가 없어요. 치킨 샌드위치는 어떠세요?
여자: 알겠어요. 하나 주세요.
남자: 4달러입니다.

## 17 정답 ③

delicious　맛있는
more　더 (많이)
full　배부른, 가득 찬

● 듣기실력쑥 정답 want some more / thank you. I'm full

W: All the <u>food</u> is <u>delicious</u>.
M: Thank you.
W: I really like this <u>apple</u> salad.
M: Do you like it? Do you want <u>some more</u>?
W: ＿＿＿＿＿＿

여자: 모든 음식들이 맛있어.
남자: 고마워.
여자: 난 이 사과 샐러드가 정말 좋아.
남자: 그것을 좋아해? 너 좀 더 원하니[먹을래]?
여자: ＿＿＿＿＿＿

① 괜찮아. 난 배불러.
② 응, 좋아.
③ 네 말이 맞아.
④ 아니, 괜찮아.

| 정답과 단어 | 듣기대본 | 우리말 해석 |
|---|---|---|

## 18 정답 ③

look excited 신나 보이다
Congratulations.
　　　　　축하해.
on one's birthday
　　　　～의 생일날에

B : You look excited today.
G : My birthday is tomorrow.
B : Oh, I didn't know that. Congratulations!
G : Thank you.
B : So what are you going to do on your birthday?
G : **I'm having dinner with my family.**

on one's birthday ▶

소년: 너 오늘 신나 보여.
소녀: 내 생일이 내일이야.
소년: 아, 난 그것을 몰랐어. 축하해!
소녀: 고마워.
소년: 그래서 네 생일날 무엇을 할 거니?
**소녀: 난 가족들과 식사를 할 거야.**

① 그것은 재미있을 거야.
② 난 신이나.
③ 난 가족들과 식사를 할 거야.
④ 난 친구들과 파티를 했어.

●듣기실력쑥 정답 birthday /
Thank you very much

## 19 정답 ③

a little 　조금
tired 　피곤한
exciting 　신나게 하는

G : Good morning, Chris. How are you today?
B : I'm fine. How about you?
G : I'm a little tired.
B : Why? What did you do yesterday?
G : **I did my homework until 12 o'clock.**

◀ tired

소녀: 좋은 아침이야, Chris. 오늘 기분이 어때?
소년: 난 좋아. 넌 어때?
소녀: 난 조금 피곤해.
소년: 왜? 넌 어제 무엇을 했니?
**소녀: 난 12시까지 내 숙제를 했어.**

① 내가 아니야.
② 그것은 재미있고 신이 났어.
③ 난 12시까지 내 숙제를 했어.
④ 나는 정말로 슬펐어.

## 20 정답 ①

I'd like to speak to ~
　　　～와 통화하고 싶
　　　습니다
be in a meeting
　　　회의 중이다
leave a message
　　　메시지를 남기다

(Telephone rings.)
W: Hello. This is C&C Company.
M: Hello. I'd like to speak to Ms. Park, please.
W: She's in a meeting now. Would you like to leave a message?
M: **Yes, please.**

(전화벨이 울린다.)
여자: 여보세요. C&C 회사입니다.
남자: 여보세요. 전 박 양과 통화하고 싶습니다.
여자: 그녀는 지금 회의 중입니다. 메시지를 남겨드릴까요?
**남자: 네, 부탁합니다.**

① 네, 부탁합니다.
② (전화에서) 접니다.
③ 아니오, 저는 배불러요.
④ 저는 그렇게 생각하지 않습니다.

## step2 낱말받아쓰기 정답 본문 126쪽

| 학습<br>예정일 | / | 실제<br>학습일 | / | 부모님<br>확인란 | | 맞은<br>개수 | |
|---|---|---|---|---|---|---|---|

1 church/ go to church
교회/ 교회에 가다

2 fun/ have fun
재미있는/ 재미있는 시간을 보내다

3 live/ live in
살다/ ~에 살다

4 floor/ on the floor
바닥/ 바닥 위에

5 headache/ have a headache
두통/ 머리가 아프다, 두통이 있다

6 guitar/ play the guitar
기타/ 기타를 연주하다

7 music/ listen to music
음악/ 음악을 듣다

8 hand/ wash one's hands
손/ ~의 손을 씻다

9 dish/ wash the dishes
그릇/ 설거지하다

10 long/ Long time no see.
긴/ 오랜만이야.

11 excited/ look excited
흥분한, 신나는/ 신나 보이다

12 little/ a little bit
적은, 작은/ 조금

13 speak/ I'd like to speak to
말하다/ ~와 통화하고 싶습니다

14 meeting/ be in a meeting
회의, 모임/ 회의 중이다

15 message/ leave a message
메시지/ 메시지를 남기다

## step3 통문장받아쓰기 정답 본문 127쪽

| 학습<br>예정일 | / | 실제<br>학습일 | / | 부모님<br>확인란 | | 맞은<br>개수 | |
|---|---|---|---|---|---|---|---|

1 A: How may I help you?
A: 무엇을 도와 드릴까요?

B: I want to send this letter.
B: 전 이 편지를 보내고 싶어요.

2 A: I'm going to the zoo.
A: 나는 동물원에 가.

B: Have fun!
B: 재미있게 보내!

3 A: What a nice house!
A: 멋진 집이다!

B: Yes, it really is.
B: 응, 정말 그래.

4 A: Did you see my iPad?
A: 너 내 아이패드 봤어?

B: It's on the floor.
B: 그것은 바닥 위에 있어.

5 A: What's wrong with you?
A: 무슨 일이야?

B: I have a headache.
B: 나는 머리가 아파.

6 A: What is your hobby?
A: 너는 취미가 뭐야?

B: I like to play the guitar.
B: 나는 기타 연주하는 것을 좋아해.

7 A: I'm hungry, Mom.
A: 저 배고파요, 엄마.

B: Wash your hands, first.
B: 손 먼저 씻으렴.

8 A: How are you?
A: 오늘 어때?

B: I'm a little tired.
B: 나는 약간 피곤해.

9 A: I'd like to speak to Mina.
A: 저는 미나와 통화하고 싶습니다.

B: Wait a minute.
B: 잠깐 기다리세요.

10 A: She's not here.
A: 그녀는 여기 없어요.

B: Can I leave a message?
B: 제가 메세지를 남겨도 될까요?

# 6학년❶ 듣기모의고사 정답표

## 01회

| 1 | 2 | 3 | 4 | 5 | 6 | 7 | 8 | 9 | 10 |
|---|---|---|---|---|---|---|---|---|---|
| ③ | ② | ② | ④ | ④ | ③ | ③ | ② | ④ | ④ |

| 11 | 12 | 13 | 14 | 15 | 16 | 17 | 18 | 19 | 20 |
|---|---|---|---|---|---|---|---|---|---|
| ③ | ③ | ③ | ③ | ④ | ① | ① | ① | ③ | ① |

## 02회

| 1 | 2 | 3 | 4 | 5 | 6 | 7 | 8 | 9 | 10 |
|---|---|---|---|---|---|---|---|---|---|
| ③ | ② | ③ | ② | ② | ③ | ④ | ③ | ③ | ④ |

| 11 | 12 | 13 | 14 | 15 | 16 | 17 | 18 | 19 | 20 |
|---|---|---|---|---|---|---|---|---|---|
| ① | ② | ③ | ① | ② | ④ | ④ | ② | ④ | ② |

## 03회

| 1 | 2 | 3 | 4 | 5 | 6 | 7 | 8 | 9 | 10 |
|---|---|---|---|---|---|---|---|---|---|
| ② | ③ | ③ | ④ | ③ | ② | ③ | ② | ② | ② |

| 11 | 12 | 13 | 14 | 15 | 16 | 17 | 18 | 19 | 20 |
|---|---|---|---|---|---|---|---|---|---|
| ① | ④ | ③ | ① | ② | ④ | ③ | ① | ② | ① |

## 04회

| 1 | 2 | 3 | 4 | 5 | 6 | 7 | 8 | 9 | 10 |
|---|---|---|---|---|---|---|---|---|---|
| ② | ② | ① | ① | ① | ③ | ① | ④ | ② | ② |

| 11 | 12 | 13 | 14 | 15 | 16 | 17 | 18 | 19 | 20 |
|---|---|---|---|---|---|---|---|---|---|
| ② | ③ | ③ | ③ | ② | ④ | ③ | ④ | ④ | ① |

## 05회

| 1 | 2 | 3 | 4 | 5 | 6 | 7 | 8 | 9 | 10 |
|---|---|---|---|---|---|---|---|---|---|
| ③ | ① | ② | ③ | ④ | ② | ② | ③ | ③ | ① |

| 11 | 12 | 13 | 14 | 15 | 16 | 17 | 18 | 19 | 20 |
|---|---|---|---|---|---|---|---|---|---|
| ① | ② | ④ | ① | ② | ① | ③ | ② | ④ | ④ |

## 06회

| 1 | 2 | 3 | 4 | 5 | 6 | 7 | 8 | 9 | 10 |
|---|---|---|---|---|---|---|---|---|---|
| ③ | ② | ④ | ③ | ② | ① | ③ | ② | ② | ② |

| 11 | 12 | 13 | 14 | 15 | 16 | 17 | 18 | 19 | 20 |
|---|---|---|---|---|---|---|---|---|---|
| ① | ② | ② | ③ | ③ | ④ | ③ | ③ | ④ | ② |

## 07회

| 1 | 2 | 3 | 4 | 5 | 6 | 7 | 8 | 9 | 10 |
|---|---|---|---|---|---|---|---|---|---|
| ③ | ① | ④ | ③ | ② | ② | ④ | ③ | ④ | ④ |

| 11 | 12 | 13 | 14 | 15 | 16 | 17 | 18 | 19 | 20 |
|---|---|---|---|---|---|---|---|---|---|
| ① | ② | ④ | ② | ① | ③ | ② | ② | ④ | ① |

## 08회

| 1 | 2 | 3 | 4 | 5 | 6 | 7 | 8 | 9 | 10 |
|---|---|---|---|---|---|---|---|---|---|
| ② | ② | ② | ③ | ② | ③ | ③ | ③ | ② | ④ |

| 11 | 12 | 13 | 14 | 15 | 16 | 17 | 18 | 19 | 20 |
|---|---|---|---|---|---|---|---|---|---|
| ③ | ② | ③ | ① | ③ | ③ | ④ | ④ | ① | ① |

## 09회

| 1 | 2 | 3 | 4 | 5 | 6 | 7 | 8 | 9 | 10 |
|---|---|---|---|---|---|---|---|---|---|
| ④ | ④ | ② | ② | ④ | ① | ② | ③ | ② | ③ |

| 11 | 12 | 13 | 14 | 15 | 16 | 17 | 18 | 19 | 20 |
|---|---|---|---|---|---|---|---|---|---|
| ① | ③ | ③ | ① | ③ | ④ | ② | ④ | ④ | ① |

## 10회

| 1 | 2 | 3 | 4 | 5 | 6 | 7 | 8 | 9 | 10 |
|---|---|---|---|---|---|---|---|---|---|
| ② | ④ | ② | ③ | ① | ② | ③ | ③ | ② | ③ |

| 11 | 12 | 13 | 14 | 15 | 16 | 17 | 18 | 19 | 20 |
|---|---|---|---|---|---|---|---|---|---|
| ② | ④ | ③ | ④ | ③ | ② | ③ | ③ | ③ | ① |

19. cinema / exciting / interesting / Who with
20. from / from USA / Where from

 **06회**

1. mobile / second / find / Here's / right
2. speak to / busy / really / homework
3. homework / hungry / turn off / first
4. brother / together / sandwiches / next week
5. bookstore / post office / straight right / go
6. good weekend / stayed home / family
7. sit grass / Help / at all
8. Look / dogs / smart / cats / beautiful
9. members / teacher / nurse / studying in
10. for lunch / favorite / dinner / Let's
11. picture / cute / different / taller / glasses
12. bring / table / Here / under
13. help / buy / birthday / How much
14. go / school / starts / comes
15. homework / hate / subject / singing / science
16. help with / meet / library
17. Saturday / doing / going
18. late / already / sorry / inside / Why
19. Welcome home / look / great / delicious
20. hurry / miss train / grab

 **07회**

1. looking for / take
2. rain / Why / soccer / nervous / come
3. name / live in / party / school
4. favorite / woman / winter / together
5. making / forgot / help / buy
6. works / doctor / helps / grow up
7. weekend / family / farm / there
8. math / too / what / Why / sing
9. with family / sick
10. lost / give / meet / See
11. get / bank / Turn / welcome
12. when / sister / holding
13. homework / tomorrow / ride / weekend
14. soccer / do / hungry / where
15. with / under / After / read book
16. find / Where / desk / sofa / look
17. wrong / watch / lose
18. nice / Did / yesterday / color
19. hot / to drink / buy / Sounds good
20. today / sleepy / interesting

 **08회**

1. more / borrow / homework / front
2. gift / already / discount
3. post office / bus stop / right / next to
4. bed / test / studying / sleep
5. find / long gray / tiny
6. bowling / good at / interested / Sure
7. This is / ask / second
8. Pack / swim / prefer
9. introduce / from / friends
10. busy / reading / need / get

11. cleaning / lunch / meet / See
12. Where / mittens / next to / them
13. visited / helped pick / ate
14. Watch out / bigger / Let's / ordered
15. lent / checked / Hurry / left
16. How much / thirty-five / price
17. eating / doing / cooking / good
18. This is / Speaking / afternoon
19. let's / after school / sick / well
20. vacation / July / during

1. doing / waiting for / somewhere / gym
2. flowers grandmother / roses lilies / only
3. ready / on table / get me
4. Summer / excited / parents / leaving / next week
5. What's wrong / lost / long / wearing dress
6. sunny / taking walk / tired / sit on
7. picture / brother / only older
8. make for dinner / tomatoes / onions / grocery
9. go on / long / restaurant / cousins
10. over there / bring / Wait / here
11. Hospital / straight corner / between school
12. birthday / bakery cake / wrote card
13. put shelf / here / carpet / under
14. cleaned room / wash / went bed
15. today / thought Thursday / math / Wednesday
16. speaking / doing homework / next /

uncle's house
17. jogging / stay home / should
18. busy / really / Will carry
19. reading / English version / How
20. thirsty / drink / cup of

1. send letter / airmail / four
2. on / visit / skiing cousins / church
3. summer / Last uncle's / lives in
4. place / really / next to / old
5. where / on floor / look table / in
6. meeting / starts / hospital / in / come
7. Zoo / kinds of / elephants / pandas
8. in room / at / have headache
9. guitar / sing well / plays / listen
10. looking for / phone / on / together / under
11. Sunday / cleaning / dirty / bathroom wash / hands
12. have / ordering / from / idea / phone
13. cook / wash the dishes / breakfast
14. favorite / short / round / wearing / sunglasses
15. visited / with sister / traveled / studied / during
16. order / today / How chicken / One
17. food delicious / apple / some more
18. look excited / Congratulations / on birthday
19. How / little tired / did yesterday
20. like speak / meeting / leave message